I0162487

LA PENITENZA

DI

SANT'AMBROGIO

LIBRO PUBBLICATO DA LIMOVIA.NET

TWITTER: @EBOOKLIMOVIA

ISBN: 978-1-78336-228-8

Ora andate e imparate che cosa significhi: "*Voglio misericordia e non sacrificio*"; poiché io non sono venuto a chiamare dei giusti, ma dei peccatori».

Matteo 9:13

L'Autore:

sant'Ambrogio vescovo di Milano

Aurelio Ambrogio (Aurelius Ambrosius), meglio conosciuto come sant'Ambrogio (*Treviri, incerto 339-340 – Milano, 397*) è stato un vescovo, scrittore e santo romano, una delle personalità più importanti nella Chiesa del IV secolo. È venerato come santo da tutte le Chiese cristiane che prevedono il culto dei santi; in particolare, la Chiesa cattolica lo annovera tra i quattro massimi dottori della Chiesa, insieme a san Girolamo, sant'Agostino e san Gregorio I papa.

Conosciuto anche come Ambrogio di Milano, assieme a san Carlo Borromeo e san Galdino è patrono della città, della quale fu vescovo dal 374 fino alla sua morte e nella quale è presente la basilica a lui dedicata che ne conserva le spoglie.

Fonte: wikipedia

LIBRO 1

Capitolo 1

Se il fine supremo delle virtù è il progresso delle masse, la mitezza, indubbiamente, è la virtù che eccelle su tutte. Essa non suscita il risentimento delle persone che giudica colpevoli, anzi, dopo averle condannate, le mette in condizione di farsi perdonare. E' la sola, inoltre, che, emula del dono divino della redenzione universale, ha esteso i confini della Chiesa, frutto del sangue del Signore, esercitando un'azione moderatrice con consiglio salutare e di natura tale che le orecchie degli uomini sono in grado di prestare ascolto, le menti non fuggono lontano, gli animi non nutrono timore.

Chi infatti, si propone di correggere i difetti della fragilità umana deve sorreggere e, in qualche modo, soppesare sulle sue spalle la debolezza stessa, non già disfarsene. Il pastore, quello ben noto del Vangelo, non ha abbandonato la pecora stanca, ma se l'è messa in spalla. Salomone dice: "Non essere troppo giusto". La dolcezza ha il compito, appunto, di lenire la giustizia. Con quale animo, infatti, si potrebbe sottoporre alle tue cure chi hai in antipatia ed è convinto che sarà non già oggetto di pietà, bensì di disprezzo da parte del suo medico?

Gesù ha avuto misericordia di noi non per allontanarci, ma per chiamarci a sé. E' venuto mite, umile. Ha detto: "Venite a me, voi tutti che siete affaticati, e io vi ristorerò". Il Signore, dunque, guarisce senza eccezioni, senza riserve. A ragione, ha scelto discepoli che, interpreti del suo volere, raccogliessero e non tenessero lontano il popolo di Dio. Ovviamente, non sono da annoverare tra i discepoli di Cristo coloro i quali pensano che la durezza sia da preferire alla dolcezza, la superbia all'umiltà e che, mentre invocano per sé la divina pietà, la negano agli altri, come appunto fanno i dottori Novaziani che si fregiano dell'appellativo di "puri".

Quale tracotanza maggiore della loro? La scrittura dice che "neppure il neonato è immune da colpa"; David grida: "Mondami dal mio peccato". Dunque, i Novaziani sono più obbedienti al Signore di David, dalla cui gente Cristo ha voluto nascere, in virtù del mistero dell'Incarnazione? Più ligi verso Dio di David, alla cui posteriorità appartiene la reggia celeste, il grembo, cioè, della Vergine che ha ricevuto il Salvatore del mondo? Quale crudeltà maggiore del concedere la penitenza e, al tempo stesso, di sbarrarle il passo? Negare il perdono, infatti, cosa significa se non togliere ogni incentivo a pentirsi? Contrito di tutto cuore può essere soltanto chi nutre fiducia nella clemenza.

Capitolo 2

I Novaziani sostengono che non possono essere reintegrati nella comunione dei fedeli coloro che sono caduti in apostasia. Se facessero eccezione per il solo peccato di sacrilegio come non passibile di condono, mostrerebbero durezza, ma sarebbero, almeno, coerenti con la loro dottrina e in contrasto soltanto con gli insegnamenti divini. Il Signore, infatti, ha condonato tutti i peccati senza alcuna eccezione. I Novaziani, invece, alla maniera degli Stoici, pensano che tutte le colpe si debbano valutare parimenti e che debba per sempre rinunciare ai celesti misteri sia chi abbia sgozzato un gallo, come si dice, del pollaio, sia chi abbia strangolato il proprio padre. Come, dunque, possono escludere dai sacramenti la sola categoria dei rei di apostasia, quando, per giunta, proprio i Novaziani affermano che è cosa assai deplorevole estendere a molte persone il castigo che conviene a poche?

Essi dicono che onorano il Signore, giacché riconoscono il diritto di condonare i peccati a lui solo. Coloro, invece, che violano coscientemente la legge del Signore e sovvertono il magistero che egli ha loro affidato offendono assai gravemente Dio. Cristo medesimo ha detto nel Vangelo: "Riceverete lo Spirito Santo" e a chi "rimetterete i peccati" sono a lui rimessi, "e a chi non li rimetterete, resteranno non rimessi". Dunque, rende onore maggiore chi

7

ubbidisce ai comandi o chi disubbidisce?

La Chiesa ottempera all'uno e all'altro comando: a quello di non rimettere la colpa e a quello dell'assolverla. L'eresia, invece, è spietata nell'esecuzione del primo dei due imperativi, disubbidiente nell'altro. Pretende legare ciò che non intende sciogliere, non vuole sciogliere ciò che ha legato. Si condanna manifestamente da se medesima. Il Signore, infatti, ha voluto che il diritto di assolvere e quello di non assolvere siano del tutto identici. Ha garantito entrambi e a pari condizioni. E' ovvio che chi non possiede l'uno, non può possedere l'altro diritto. Infatti, in conformità agli insegnamenti di Dio, chi ha il potere di condannare ha anche quello di perdonare. Logicamente, l'affermazione dei Novaziani cade. Col negare a sé la potestà del condonare sono costretti a rinunciare a quella del non assolvere. Come potrebbe essere lecita l'una e non l'altra potestà? A chi è stato fatto dono di entrambe o è chiaro che sono possibili l'una e l'altra o nessuna delle due. Alla Chiesa sono, dunque, lecite entrambe, all'eresia né l'una né l'altra. A ben considerare, tale facoltà è stata data, infatti, ai soli sacerdoti. A ragione, pertanto, la Chiesa che ha ministri legittimi si arroga l'uno e l'altro diritto, l'eresia non può, al contrario, farlo, poiché non ha sacerdoti di Dio. Col non rivendicare le due potestà, l'eresia sentenzia nei propri riguardi, che, non avendo ministri legittimi, non può attribuirsi un loro diritto.

8

Nella sfacciata tracotanza è dato intravedere un'ammissione, sia pure timida.

Tieni anche presente: chi riceve lo Spirito Santo, riceve la potestà di assolvere e di non assolvere i peccati. Sta scritto: "Ricevete lo Spirito Santo; a chi rimetterete i peccati saranno rimessi e a chi non li rimetterete, resteranno non rimessi". Dunque, chi non può assolvere non possiede lo Spirito Santo, dal momento che è lo Spirito Santo, appunto, a far dono del ministero sacerdotale e la sua autorità è nel condonare e nel non rimettere le colpe. Come perciò i Novaziani potrebbero rivendicare un dono di chi mettono in dubbio l'autorità, la potestà?

Che dire della loro enorme sfacciataggine? Lo Spirito di Dio è incline alla pietà, non già alla durezza. Essi, al contrario, non vogliono ciò che egli dice di volere e fanno ciò che egli afferma di non gradire. Eppure il castigare si addice al giudice, il perdonare, invece, all'indulgente. Tu che appartieni alla setta dei Novaziani saresti, pertanto, più tollerabile coll'assolvere che col non condonare. Col non essere indulgente peccheresti di disubbidienza verso Dio, coll'usare misericordia, elargiresti il perdono, dimostrando di provare, almeno, pietà di chi vive nell'afflizione.

Capitolo 3

Ma i Novaziani affermano che, eccettuate le colpe più gravi, concedono il perdono alle più lievi. Non certo Novaziano, l'origine prima della vostra eresia. Egli fu convinto che non dovesse concedersi ad alcuno la possibilità di conseguire il perdono. Evidentemente non se la sentiva di legare ciò che non era poi in grado di sciogliere, e di incorrere nel rischio che, una volta condannata la colpa, ci si attendesse da lui il condono. Voi, dunque, mettete sotto accusa vostro padre con questo modo di ragionare, con la distinzione, cioè, che fate tra peccati, a giudizio vostro, assolvibili e quelli che reputate irrimediabili. Dio, però, che ha garantito a tutti clemenza e che ha concesso ai sacerdoti, senza alcuna riserva, la potestà del perdono, non fa distinzioni. Soltanto, chi avrà ecceduto nella colpa, ecceda parimenti nel fare penitenza. Più gravi i peccati, più abbondanti lacrime sono necessarie per lavarli. Non si può, quindi, dare l'assenso a Novaziano che rifiutò a tutti il perdono, né a voi che, emulando e a un tempo condannando il maestro, spegnete ogni ardore di pietà quando occorrerebbe maggiormente alimentarlo. La pietà di Cristo ci ha insegnato che più gravi sono i peccati, più validi sostegni necessitano a sopportarne il peso.

Quale iniquità è questa del dovere rivendicare le cose possibili a concedersi e riservare a Dio le impossibili? Che altro significa ciò se non scegliere per sé le situazioni suscettibili di misericordia e lasciare al Signore la materia tutta passibile di inflessibile castigo? Privo di significato è per voi il passo biblico: "Resti fermo che Dio è verace e ogni uomo mentitore, come dice la Scrittura: affinché tu sia riconosciuto giusto nelle tue parole e trionfi quando sei giudicato". Dio medesimo dice: "Voglio l'amore e non il sacrificio", affinché comprendiamo che il Signore è largo di misericordia e non già inflessibile nel rigore. Come può essere, perciò, gradito a Dio il sacrificio che gli offrite? Voi ripudiate la pietà, egli, invece, afferma di non volere la morte, ma l'emendamento del peccatore.

L'Apostolo, suo fedele interprete, dice: "Dio mandò il proprio Figlio in una carne simile a quella del peccato, e in vista del peccato, ha condannato il peccato nella carne, perché la giustizia della legge si adempisse in noi". Non dice "a somiglianza della carne", perché Cristo ha assunto la realtà della carne umana, non la parvenza. Né dice "a somiglianza del peccato", giacché "egli non ha commesso peccato" ma ha preso le sembianze del peccato per la nostra salvezza. E' venuto "a somiglianza di carne del peccato", cioè ha assunto la parvenza della carne peccatrice. Perciò "somiglianza", poiché sta scritto: "E' uomo e chi sa conoscerlo?". Era, cioè, uomo nella carne in conformità alla natura dell'uomo, e poteva essere conosciuto. Era uomo fornito di doti trascendenti l'umana possibilità, l'uomo, pertanto, di cui è detto "chi sa conoscerlo?". Aveva la nostra carne, ma era immune dai difetti di questa.

Non era stato, infatti, generato come gli altri uomini dall'accoppiamento del maschio e della femmina. Concepito dallo Spirito Santo e dalla Vergine, aveva assunto un corpo mortale, non solo non macchiato da alcuna colpa ma neppure sfiorato da quell'ignominioso miscuglio di sostanze proprio della nascita o del concepimento. Noi mortali nasciamo, infatti, all'insegna del peccato. Il nostro primo vedere la luce è già nella colpa, come leggiamo in David: "Ecco nella colpa sono stato generato, nel peccato mi ha concepito mia madre". La carne di Paolo era il corpo della morte, come egli dice: "Chi mi libererà da questo corpo votato alla morte?". La carne di Cristo ha condannato quel peccato dal quale il Signore, nascendo, fu immune, e che, morendo, ha crocifisso, affinché nella nostra carne, ove prima era macchia a causa della colpa, ci fosse giustificazione in virtù della grazia.

"Che diremo dunque in proposito" se non ciò che l'Apostolo ha detto: "Se Dio è per noi, chi sarà contro di noi? Egli che non ha risparmiato il proprio Figlio, ma lo ha dato per tutti noi, come non ha donato ogni cosa insieme con lui? Chi accuserà gli eletti di Dio? Dio giustifica. Chi condannerà? Cristo che è morto, anzi, che è risuscitato, sta alla destra di Dio e intercede per noi?". Cristo, dunque, difende,

Novaziano accusa. L'uno ha redento gli uomini perché siano salvi, l'altro condanna a morte. Il primo dice: "Prendete il mio giogo sopra di voi e imparate da me che sono mite", l'altro, al contrario, afferma: Non sono misericordioso. Cristo dice: "Troverete ristoro per le vostre anime. Il mio giogo, infatti, è dolce e il mio carico leggero", Novaziano, invece, impone un grave peso, un duro giogo.

Capitolo 4

Le argomentazioni finora addotte sono sufficienti ad intendere in quale misura Gesù è propenso a perdonare. Tuttavia egli in persona ti sia maestro. Volendoci, infatti, mettere in condizione di affrontare le violenze della persecuzione, dice: "Non abbiate paura di quelli che uccidono il corpo, ma non hanno il potere di uccidere l'anima; temete piuttosto chi ha il potere di inviare l'anima e il corpo nella Geenna". Più avanti: "Chiunque mi riconoscerà davanti agli uomini, anche io lo riconoscerò davanti al Padre mio che è nei cieli; chi, invece, mi rinnegherà davanti agli uomini, anche io lo rinnegherò davanti al Padre mio che è nei cieli".

Quando testimonia, lo fa per tutti, senza eccezione; quando rinnega, non ripudia tutti. Sta scritto: "Chiunque mi riconoscerà, anche io lo riconoscerò", cioè testimonierò tutti. Più innanzi avrebbe dovuto dire: "Chiunque, invece, mi rinnegherà". Perché, non apparisse ripudiare tutti, ha però aggiunto: "Chi, invece, mi rinnegherà davanti agli uomini, anche io lo rinnegherò". Assicura a tutti la grazia, non minaccia a tutti la punizione. Esalta quando è di pertinenza dell'indulgenza, rimpicciolisce ciò che è proprio della vendetta.

Così sta scritto non solo nel libro del Vangelo di Gesù che si intitola secondo Matteo, ma si può leggere anche in quello che va sotto il nome di Luca. Ciò perché tu sappia che entrambi si sono soffermati sull'argomento, e a bella posta.

Abbiamo riportato quanto sta scritto. Ricapitoliamo ora il pensiero. Dice: "Chiunque mi riconoscerà", cioè, chi mi testimonierà, qualunque genere di vita conduca, qualunque sia la sua condizione, troverà in me chi saprà ricompensarlo della testimonianza. Quando è detto "chiunque" non si esclude dalla ricompensa nessuno che lo testimonierà. Non ugualmente chiunque rinnegherà, sarà rinnegato. Può verificarsi che qualcuno non reggendo alla tortura ripudi con la bocca, ma nel suo intimo adori Dio.

Metteresti forse sullo stesso piano chi ripudia spontaneamente e chi ha commesso sacrilegio indotto dai supplizi e non già di sua volontà? E' riprovevole sostenere che non è di alcun peso presso Dio la clemenza che, invece, ha valore presso gli uomini, quando si tratta di atleti. Spesso negli agoni dei pagani vediamo che il popolino ama incoronare anche gli sconfitti, quando sia rimasto soddisfatto del loro modo di condurre la gara e, soprattutto, abbia constatato con i propri occhi che accidentalmente gli atleti sono stati privati della vittoria con raggiri o inganni. Cristo tollererà che sia negato il perdono ai suoi atleti che soltanto per un poco ha visti vacillare davanti ai supplizi della tortura?

Non terrà conto dei tormenti del supplizio, egli che,

se ripudia, non rinnega per l'eternità? David dice: "Dio non ci respingerà per sempre". Dovremo, dunque, prestare orecchio al seguace dell'eresia, il quale, al contrario, afferma che Dio ripudia per sempre? David dice: "Dio non toglierà mai la sua misericordia di generazione in generazione o si dimenticherà di avere pietà". Il profeta grida, e c'è gente che va insinuando che la divina pietà può essere suscettibile di dimenticanza?

Capitolo 5

Ma essi asseriscono di fare ragionamenti del genere, giacché, a loro giudizio, ammettere che Dio perdoni persone contro le quali ha in precedenza manifestato la sua ira significa attribuirgli natura mutevole. Dunque? Ripudieremo gli oracoli del Signore e daremo credito alle opinioni dei Novaziani? Dio deve essere stimato sulla base delle sue parole, non delle affermazioni degli altri. Una prova convincente della sua misericordia? Non forse, per bocca del profeta Osea, quasi come rappacificato, perdona gente che poco prima minacciava? Dice: "Che dovrò fare di te, Efraim, che dovrò fare di te, Giuda?". Più innanzi: "Come trattarti? Dovrei ridurti allo stato di Adma e di Zeboim?". E' adirato, eppure con sentimento, direi, paterno, è dubbioso circa la pena da irrogare al peccatore. Il Giudeo è colpevole, Dio, tuttavia, vaglia con scrupolo i fatti. Aveva detto: "Dovrei ridurti allo stato di Adma e di Zeboim?", città queste che, vicine a Sodoma, avevano avuto in sorte analoga distruzione. Subito, però, aggiunge: "Il mio cuore si è commosso, la mia pietà è in preda al turbamento; non voglio agire secondo l'impulso della mia ira".

Non è forse chiaro che Gesù si sdegna con noi peccatori allo scopo di convertirci mediante il terrore suscitato dalla sua collera? La sua ira non comporta vendetta, bensì suona preludio di indulgenza. Ha detto: "Se piangerai contrito, ti salverai". Attende,

17

pertanto, i nostri sospiri, quelli temporali, per condonare gli eterni. Esige il nostro pianto per elargire la misericordia. Nel Vangelo, mosso a pietà dalle lacrime della vedova, ne ha richiamato in vita il figlio. Vuole il nostro pentimento per potere fare ricorso alla grazia, la quale si fermerebbe stabilmente in noi, se non cadessimo nella schiavitù del peccato. Offendiamo Dio con le colpe, ed egli si adira affinché facciamo atto di contrizione. Umiliamoci, dunque, per metterci in condizione di meritare pietà, non castigo.

Ti sia maestro Geremia, il quale dice: "Il Signore non ripudierà per sempre, ma se umilierà avrà anche pietà secondo la sua grande misericordia. Chi umilia contro il suo desiderio non ripudia certo i figli degli uomini". Queste sono le parole che leggiamo nei Lamenti di Geremia. Da esse e dalle seguenti desumiamo che il Signore umilia "sotto i suoi piedi tutti coloro che sono incatenati sulla terra", affinché possiamo sottrarci al suo castigo. Ma non umilia di tutto cuore il peccatore sino a terra, giacché solleva "l'indigente dalla polvere" e rialza "il povero dall'immondizia". Chi si ripromette di concedere il perdono, non umilia di tutto cuore.

Dio non umilia con tutto il sentimento chi si è macchiato di colpa, tanto meno, chi non ha peccato di tutto cuore. Ha detto a proposito dei Giudei: "Questo popolo mi onora con le labbra, ma il suo cuore è lontano da me". In questa maniera potrebbe esprimersi nei riguardi di alcuni dei lapsi: Mi hanno

18

rinnegato con le labbra, ma sono insieme a me con il cuore. La tortura li ha vinti, ma la slealtà non ha avuto il sopravvento. Non c'è, pertanto, valido motivo perché alcuni neghino loro il perdono. Il persecutore medesimo, infatti, ne ha testimoniato la fede al punto da tentare di distruggerla con i supplizi. Hanno ripudiato una sola volta, ma testimoniano ogni giorno. Hanno rinnegato con la bocca, ma testimoniano di continuo con i gemiti, con gli ululati, con le lacrime, con le parole schiette, sincere. Hanno ceduto alla tentazione del diavolo, ma temporaneamente. Il demonio si è dovuto allontanare da loro non essendo riuscito a guadagnarli alla sua causa. Si è ritirato innanzi al loro pianto, all'afflizione del pentimento. Li aveva aggrediti come cosa altrui, li ha perduti quando erano sua preda.

Non è forse il caso medesimo che si verifica allorché gli abitanti di una città vinta sono trascinati prigionieri? Vengono menati in schiavitù, ma non certo di loro volontà. Sono costretti ad emigrare in terra straniera, con il cuore, però, non si allontanano dal paese, portano con sé, nell'animo, la patria e si adoperano in tutti i modi per rientrarvi. Che dunque? Quando uomini, così disposti, finalmente ritornano, ci potrebbe essere chi suggerisca che non si debbano degnamente accogliere, che si debbano, cioè, tributare loro onori minori, per la viva preoccupazione che il nemico abbia un qualche pretesto per sfogare l'ira? Se tu perdoni chi è armato e ha opposto forza a forza, non sei disposto ad essere indulgente verso chi aveva come unica arma la fede?

Se chiediamo il parere del diavolo a proposito di codesti lapsi, non pensi che direbbe: "Questo popolo mi onora con le labbra, ma il suo cuore è lontano da me?" Come può essere con me chi non ripudia Cristo? Coloro che nel cuore ne custodiscono l'insegnamento, soltanto in apparenza mi adorano. Io mi illudevo che professassero la mia dottrina. Più grave suona la condanna nei miei riguardi, allorché rinnegano teorie delle quali hanno acquisito conoscenza. E' certo che Cristo mena trionfo più grande quando li accoglie al loro ritorno. Tutti gli angeli tripudiano. Infatti, è più grande gloria per un peccatore convertito che per novantanove giusti che non hanno bisogno di conversione. Si trionfa su di me nel cielo, su di me nel mondo. Cristo non subisce danno quando persone venute da me in lacrime ritornano nel seno della Chiesa, sentendo di essa rimpianto. Senza dire che dietro il loro esempio corro pericolo anche per i miei fidi. Potrebbero imparare che non c'è vantaggio a stare in un luogo in cui gli uomini non sono affatto adescati dai beni immediati e che, invece, c'è profitto grandissimo dove i lamenti, le lacrime, i digiuni sono preferiti alle opulente imbandigioni".

Capitolo 6

Voi, dunque, o Novaziani, li mettete al bando? Ciò che altro significa se non togliere loro la speranza del perdono? Il Samaritano non abbandonò chi era stato lasciato mezzo morto dai predoni. Curò le sue ferite con l'olio e con il vino. Prima, però, vi versò solo l'olio come lenimento. Caricò il ferito sopra il suo giumento, trasportando su di esso tutti i suoi peccati. Né il pastore abbandonò la pecorella smarrita.

Voi, invece, esclamate: "Non mi toccare". A titolo di giustificazione, dite: "Non è il nostro prossimo" con superbia maggiore di quella del dottore della legge che voleva mettere alla prova Cristo. Infatti, domandò: "Chi è il mio prossimo?". Rivolge una domanda. Voi, invece, rifiutate di prestare le cure a chi avreste dovuto. Ve ne siete allontanati alla maniera del sacerdote e siete passati oltre noncuranti come il levita. Né date ospitalità nella locanda a colui per il quale Cristo pagò due denari e di cui ti ordina di diventare il prossimo, per potergli più agevolmente usare misericordia. Il tuo prossimo non è chi è stretto a te dai vincoli di identica natura, bensì chi è unito a te da legami di pietà. Tu ostenti, però, di non conoscerlo, innalzandoti "gonfio di vano orgoglio nella mente carnale, senza essere stretto, invece, al capo". Se ti tenessi stretto al capo, comprenderesti che non devi abbandonare uno "per il quale Cristo è morto". Ti accorgeresti, ancora, che

21

tutto il corpo, col tenerlo strettamente unito e non con lo smembrarlo, progredisce nella conoscenza di Dio, in virtù del vincolo della carità e mediante il riscatto del peccatore.

Quando depauperate la penitenza di ogni frutto, voi non dite altro che questo: Nessuno che sia stato ferito entri nella nostra locanda. Nessuno sia sanato nel grembo della Chiesa. Presso di noi non si prestano cure agli ammalati. Siamo sani, per noi il medico è superfluo. Infatti, Cristo in persona ha detto: "Non sono i sani che hanno bisogno del medico, ma i malati".

Capitolo 7

Il novaziano si allontana con pretesti dalla tua Chiesa, o Gesù, io, invece, sono ad essa venuto tutto intero. Il novaziano dice: "Ho comprato dei buoi", ma non si sobbarca al giogo soave di Cristo; impone al suo collo un peso assai grave, insopportabile. Ha trattenuto, offeso, ucciso i tuoi servi dai quali era stato invitato, giacché li ha imbrattati con la macchia di un battesimo ripetuto. Invia, dunque, servi ai crocicchi delle strade. Chiamo a raccolta buoni, cattivi. Fai entrare nella tua Chiesa infermi, ciechi, zoppi. Ordina che la tua casa sia riempita. Ammetti tutti alla tua cena. Chi tu inviterai, lo renderai degno, se disposto a seguirti. A ragione è gettato fuori chi non avrà indossato la veste nuziale, l'abito cioè della carità, della grazia. Fai chiamare, ripeto, tutti a raccolta.

La tua Chiesa non si sottrae con pretesti alla tua cena. Il novaziano rifiuta il tuo invito. Nessuno della tua famiglia dice: "Sto bene, non mi occorre il medico", bensì: "Guariscimi, o Signore, e io sarò guarito; salvami e sarò salvato". E' il simbolo della Chiesa la donna che ti si è accostata alle spalle e ha toccato il lembo della tua veste. "Pensava, infatti: Se riuscirò anche solo a toccare il suo mantello, sarò guarita". La Chiesa mette a nudo le sue piaghe, domanda che vengano curate.

Tu, o Signore, desideri guarirci tutti. Eppure non tutti si sottopongono alle tue cure. Non certo il novaziano che ritiene di essere sano. Tu dichiari di essere ammalato, ti fai compartecipe delle infermità anche del più piccolo dei fratelli. Dici: "Ero malato e mi avete visitato". Il novaziano non è disposto a fare visita al più piccolo dei fratelli, nella cui persona tu desideri essere visitato. Tu dici a Pietro che adduce pretesti perché non gli lavassi i piedi: "Se non ti laverò i piedi, non avrai parte con me". Come possono avere parte con te i Novaziani i quali non accettano le chiavi del regno dei cieli, giacché sostengono che i peccati non possono essere rimessi?

Eppure hanno ragione quando fanno affermazioni del genere. Non sono, infatti, eredi di Pietro, dal momento che non ne possiedono la sede, anzi la straziano con scisma sacrilego. Hanno però torto, quando sostengono che non possono essere condannati i peccati in seno alla Chiesa. A Pietro è stato detto: "A te darò le chiavi del regno dei cieli, e tutto ciò che legherai sulla terra sarà legato nei cieli, e tutto ciò che scioglierai sulla terra, sarà sciolto nei cieli". Paolo, "lo strumento eletto" del Signore, dice: "A chi voi perdonerete qualcosa, perdono anche io; infatti, anche io se ho perdonato qualcosa, l'ho perdonata per amore vostro al cospetto di Cristo". Perché leggono Paolo, se pensano che si è macchiato di sacrilegio con l'arrogarsi la potestà di

Dio? Ma, in verità, egli ha rivendicato un dono elargitogli, non si è impossessato di un bene non dovutogli.

Capitolo 8

Il Signore vuole che i suoi discepoli abbiano potere illimitato. Esige che i suoi umili servi operino nel suo nome i miracoli che egli compiva quando era uomo. Dice: "Compirete opere superiori a queste". Ha concesso loro di risuscitare i morti. Pur potendo ridonare a Saulo l'uso della vista, lo ha inviato da Anania suo discepolo, affinché in virtù della sua benedizione riacquistasse la facoltà di vedere che aveva perduta. Ha ordinato a Pietro di camminare con lui sulla distesa del mare. Poiché l'Apostolo appariva pauroso, lo ha biasimato. Con la pochezza della fede, infatti, aveva sminuito la grazia elargitagli. Ha concesso ai discepoli anche di essere la luce del mondo. Poiché un giorno sarebbe disceso dal cielo e ad esso sarebbe asceso, ha rapito in cielo Elia, per restituirlo alla terra, quando gli fosse sembrato opportuno. Poiché avrebbe battezzato in Spirito Santo e fuoco, ha preannunziato mediante Giovanni il sacramento del battesimo.

Ha elargito, insomma, ogni potere ai discepoli. Afferma in proposito: "Nel mio nome scacceranno i demoni, parleranno lingue nuove, prenderanno in mano i serpenti e, se berranno qualche veleno, non recherà loro danno, imporranno le mani ai malati e questi guariranno". Tutto ha concesso ai discepoli. La loro potestà umana viene però meno, allorché la grazia del dono divino è operante.

Perché mai, o Novaziani, imponete le mani e avete fede nell'effetto della benedizione, se per caso un malato guarisce? Perché vi arrogate la potestà di purificare le persone dall'immondo contagio del demonio? Perché battezzate, se non è possibile che i peccati siano rimessi per opera dell'uomo? Nel battesimo, indubbiamente, è il condono di ogni colpa. Che differenza c'è se i sacerdoti in virtù della penitenza o del battesimo rivendicano la potestà loro concessa? Si tratti dell'uno o dell'altro sacramento, l'ufficio sacerdotale non muta.

Tu sostieni che nel battesimo è operante la grazia dei misteri. Non forse nella penitenza? Il nome di Dio non è in essa operante? Che dunque? Se vi conviene, fate vostra la grazia, altrimenti la rinnegate? E' un indizio di temeraria tracotanza, e non certo di santo timore, il fatto che odiate le persone che vogliono fare penitenza. Si sa, non ve la sentite di sopportare piagnistei di gente in lacrime. I vostri occhi non tollerano vesti miserande, squallore di persone in gramaglie. Ciascuno di voi, o delicati miei, con sguardo sprezzante, con cuore tronfio, improntata gli accenti a schifiltosità e dice: "Non mi toccare, perché sono puro".

Il Signore ha detto a Maria Maddalena: "Non mi toccare", ma non ha aggiunto "perché sono puro". Ed era puro davvero! Tu, o seguace di Novaziano, hai l'ardire di proclamarti senza macchia, tu che, ammesso che lo fossi per merito delle tue opere, già con il solo dichiarare di esserlo ti insudiceresti di impurità? Isaia dice: "Me misero e sventurato, poiché sono un uomo dalle labbra impure e dimoro in mezzo a un popolo dalle labbra impure!". Tu dici: "Sono puro", quando, come sta scritto, "non lo è neppure un neonato"? David esclamò: "Mondami dal mio peccato". Eppure la grazia di Dio spesso lo perdonò come persona assai misericordiosa. Tu puro, che sei così ingiusto da non avere pietà e da osservare "la pagliuzza nell'occhio del tuo fratello" e da non accorgerti "della trave che hai nel tuo occhio"? Chi è ingiusto è impuro al cospetto di Dio. Quale iniquità maggiore del pretendere che ti siano rimesse le colpe e che non si debbano, invece, condonare al supplice? Quale ingiustizia più grande del giustificarti da te medesimo di una colpa per la quale condanni un altro, sebbene i tuoi peccati siano più gravi?

Gesù, sul punto di annunziare la remissione dei peccati, a Giovanni che gli dice: "Io devo essere battezzato da te e tu vieni da me" ha risposto: "Lascia fare per ora, poiché conviene che così adempiamo ogni giustizia". Il Signore è venuto dal peccatore. Egli che era immune da colpa, ha domandato di ricevere il battesimo, pur non avendo bisogno di purificazione. Chi potrebbe, dunque, sopportare persone come voi che ritenete di non avere necessità di essere purificati ad opera della penitenza, giacché dite di esserlo in virtù della grazia, quasi che sia ormai un assurdo per voi commettere peccato?

Capitolo 9

Ma replicheranno che sta scritto: "Se un uomo pecca contro un altro uomo, si pregherà Dio per lui, ma se un uomo pecca contro il Signore, chi potrà intercedere per lui?". Innanzi tutto, come ho affermato in precedenza, ti lascerei anche muovere obiezioni del genere, se tu escludessi dalla possibilità del pentimento i sacrileghi soltanto. Tuttavia la domanda quale tormentoso dubbio potrebbe cagionare? Non sta scritto: "Nessuno intercederà per lui", ma "chi intercederà", cioè, si pone il quesito chi possa pregare per lui in tale eventualità, non si fa esclusione di sorta.

Nel salmo 14, 1 leggiamo: "O Signore chi abiterà nella tua tenda? Chi dimorerà sul tuo santo monte?". Non già nessuno vi abiterà, bensì il virtuoso, né afferma che nessuno vi dimorerà, ma il prescelto. A conferma di questa verità, non molto dopo nel Salmo 23, 3 dice: "Chi salirà il monte del Signore, chi starà sul suo luogo santo?". Cioè, non un uomo qualsiasi, di bassa levatura, ma di condotta esemplare, di merito eccezionale. Perché ti convinca che quando è detto "chi" non s'intende "nessuno", bensì "qualcuno", dopo aver domandato: "Chi salirà il monte del Signore?", ha aggiunto: "Chi ha mani innocenti e cuore puro, chi non ha ricevuto invano la sua anima." In altro passo: "Chi dotato di sapienza intenderà queste parole?". Forse dice che nessuno le comprende? Ancora, nel Vangelo: "Chi è l'amministratore fedele e saggio, che il Signore ha posto a capo della sua servitù per distribuire a ciascuno, a tempo debito, la razione di cibo?". Perché ti sia chiaro che ha alluso a persona esistente e non già immaginaria, ha aggiunto: "Beato quel servo che il padrone, arrivando, troverà al suo lavoro". In questo senso anche, secondo me, è detto: "Dio, chi è simile a te?" E' da escludere "nessuno", perché il "Figlio è l'immagine del Padre".

Non diversamente è da interpretare: "Chi intercederà per lui?", cioè, qualcuno che meni vita senza macchia deve pregare per chi ha commesso peccato contro il Signore. Quanto più grave è la colpa, tanto più c'è necessità di un valido patrocinio. Non uno qualsiasi della folla, ma Mosè pregò per il popolo dei Giudei, allorché essi, trascurando la fede giurata, adorarono la testa del vitello. Forse Mosè commise errore? Non direi, giacché meritò che la sua preghiera fosse esaudita. Cosa, d'altra parte, non avrebbe conseguito un uomo così predisposto che si sacrificava per il suo popolo dicendo: "Ora se tu perdoni loro il peccato, rimettilo, altrimenti cancellami dal libro della vita"? Puoi constatare che non alla maniera di un patrocinatore molle, schifiltoso, si guarda dall'arrecare offesa, colpa questa che, invece, il novaziano afferma di temere. Avendo a cuore la causa comune, dimentico della propria, Mosè non aveva paura di commettere peccato pur di

31

sottrarre, liberare i Giudei dal pericolo che loro derivava dall'aver offeso Dio.

A ragione, dunque, sta scritto: "Chi intercederà per lui?". Un uomo, cioè, della levatura di Mosè disposto a sacrificarsi per i peccatori o di Geremia che, nonostante Dio gli avesse comandato: "Tu non pregare per questo popolo", levò ugualmente suppliche e ottenne il perdono. Del resto, il Signore medesimo impietosito dall'intercessione del profeta e dalla preghiera del veggente così santo, rivolge la parola a Gerusalemme. La città, infatti, si era pentita dei peccati e aveva pregato: "Signore onnipotente, Dio d'Israele, un'anima angosciata, uno spirito tormentato grida verso di te. Ascolta, Signore, abbi pietà". Dio le ordina di spogliarsi delle vesti del dolore, di porre fine ai gemiti della penitenza. Così, infatti, è scritto alla fine del libro: "Deponi, o Gerusalemme, la veste del lutto e dell'afflizione, rivestiti dello splendore della gloria chi ti viene da Dio per sempre".

Capitolo 10

Dobbiamo trovare patrocinatori di tale specie quando si tratta di colpe assai gravi. Se, infatti, persone qualsiasi esercitano la mediazione, non è dato loro ascolto.

Non potrà, quindi, avere alcun valore l'obiezione che fate, ricavandola dall'epistola di Giovanni il quale dice: "Se uno vede il proprio fratello commettere un peccato che non conduce alla morte, preghi, e Dio darà la vita a chi commette un peccato che non conduce alla morte. C'è infatti un peccato che conduce alla morte, per questo dico di non pregare". L'Evangelista non rivolgeva la parola a Mosè, a Geremia, ma a un popolo costretto a ricorrere al patrocinio di qualcuno che preghi per le sue colpe; a un popolo che è pago di supplicare Dio per i peccati più leggeri, nel convincimento che la remissione dei più gravi si debba riservare soltanto alle preghiere degli uomini giusti. Come Giovanni avrebbe potuto affermare che non si deve pregare per una colpa che conduce alla morte, quando aveva letto nella scrittura che Mosè aveva pregato, e con successo, per la trasgressione della legge di Dio commessa volontariamente dai Giudei e che anche Geremia aveva levato suppliche al Signore?

Come Giovanni avrebbe potuto sostenere che non si deve pregare per un peccato che conduce alla morte, egli che proprio nell'Apocalisse ha scritto del comando impartito al Vescovo della Chiesa di Pergamo? Scrive: "Hai presso di te seguaci della dottrina di Balaan, il quale insegnava a Balak a provocare la caduta dei figli di Israele, spingendoli a mangiare carni immolate agli idoli e ad abbandonarsi alla fornicazione. Così pure hai di quelli che seguono la dottrina dei Nicolaiti. Ravvediti, dunque, altrimenti verrò da te". Non vedi che Dio esige la penitenza per garantire il perdono? Nell'Apocalisse, ancora, dice: "Chi ha orecchi, ascolti ciò che lo Spirito dice alle Chiese: al vincitore darò da mangiare la manna".

Forse Giovanni ignorava che Stefano aveva pregato per i suoi persecutori, i quali avevano in odio persino il nome di Cristo, e che aveva detto a proposito dei lapidatori: "Signore, non imputare loro questo peccato"? Ci è dato constatare in Paolo quale fosse l'effetto della preghiera. Egli che era a guardia dei mantelli degli uomini che scagliavano le pietre, non molto tempo dopo diventò Apostolo in virtù della grazia di Cristo: eppure era stato un persecutore.

Capitolo 11

Poiché il discorso verte sull'epistola cattolica di Giovanni, indaghiamo se quanto egli ha detto nel Vangelo collimi con l'interpretazione da voi data. Scrive: "Dio ha tanto amato il mondo, da dare il suo Figlio unigenito, perché chiunque crede in lui non muoia, ma abbia la vita eterna". Se tu desiderassi richiamare alla fede un lapso, lo esorteresti a credere o a non credere? Indubbiamente, a credere. Ma chi crede, secondo quanto il Signore sentenzia, avrà vita eterna. Come ti può essere, dunque, vietato di pregare per una persona cui è dovuta la vita eterna? Non è forse la fede un dono della grazia divina e l'Apostolo, appunto, dove tratta della "diversità dei carismi" insegna che "a uno è donata la fede per mezzo dello Spirito"? I discepoli dicono al Signore: "Aumenta la nostra fede". Chi ha fede ha la vita; chi ha la vita non è escluso dal perdono. Afferma: "Chiunque crede in lui non muoia". Quando dice "chiunque" non c'è limitazione, esclusione di sorta. Non si fa eccezione per il lapso, sempre, s'intende, che si penta convenientemente della colpa.

Sappiamo di tante e tante persone che dopo il peccato si sono adeguatamente fortificate e hanno patito nel nome di Dio. Non possiamo vietare che facciano parte della schiera dei martiri, se Gesù lo ha loro concesso. Abbiamo forse l'ardire di sostenere che non è stata restituita la vita a chi Cristo ha

35

donato la corona del martirio? Dopo la caduta a numerosi peccatori è restituita, dunque, la corona, se patiscono il martirio. Parimenti, sempre che credano, è concessa di nuovo la fede. Fede che è un dono di Dio. Sta scritto: "Da Dio vi è stato concesso non solo di credere in lui, ma anche di soffrire per lui". Forse chi riceve la grazia di Dio, non ne ottiene la pietà?

Né è grazia unica, bensì duplice, questa da cui scaturisce che chi crede è anche disposto a soffrire per Gesù. Chi crede ha, dunque, la grazia, e anche un'altra, nel caso che la sua fede sia coronata dal martirio. Pietro non fu privo della grazia prima del martirio; quando, però, lo patì, conseguì anche l'altra. Molte persone che non hanno avuto la grazia di soffrire per amore di Gesù, hanno avuto quella di credere in lui.

Perciò è detto: "Affinché chiunque crede in lui, non muoia". Chiunque, cioè, qualunque sia la condizione di vita, qualsivoglia il peccato, se nutre fede non deve temere la morte. Può verificarsi, infatti, il caso che qualcuno discendendo da Gerusalemme a Gerico, cadendo, cioè, dall'agone del martirio nelle passioni della vita, negli allettamenti del secolo, sia ferito dai predoni, vale a dire, dai persecutori, e lasciato semivivo venga trovato dal Samaritano. Può darsi che costui che è il guardiano delle nostre anime - Samaritano significa, appunto, custode - non passi oltre, ma lo curi, lo guarisca.

Forse non passa oltre, giacché scorge in lui qualche

segno di vita che lascia sperare nella guarigione. Non comprendete che anche il lapso è semivivo, se la fede non è del tutto spenta in lui? E' morto chi ha per sempre bandito Dio dal cuore. Chi non lo ha scacciato del tutto, ma, alla prova della tortura, lo ha soltanto temporaneamente misconosciuto, è semivivo. Se, d'altra parte, è morto, perché affermi che deve pentirsi, dal momento che ogni possibilità di guarigione gli è ormai preclusa? E' semivivo: versa, allora, l'olio, e, ancora, il vino che sia mescolato con l'olio, un lenimento, insomma, che gli alimenti il calore e, a un tempo, lo rimorda nella coscienza. Caricalo sul tuo giumento, affidalo all'oste, paga due denari perché sia curato, sii per lui il suo prossimo. Non lo sei se non fai opera di misericordia. Può essere detto "il prossimo" chi gli ha prestato assistenza, non già inferto ferite mortali. Se vuoi meritare l'appellativo di "prossimo", Cristo ti dice: "Va' e anche tu fa' lo stesso".

Capitolo 12

Soffermiamoci su un altro passo del medesimo tenore: "Chi crede nel Figlio ha la vita eterna, chi, invece, non crede nel Figlio, non vedrà la vita, ma l'ira di Dio rimane su di lui". Se l'ira di Dio rimane, deve, ovviamente, avere avuto un inizio, e da qualche colpa, poiché prima quest'uomo non ha avuto fede. Appena, quindi, uno crede, la collera di Dio, si allontana, la vita si avvicina. Credere in Cristo è lucrarsi la vita. Infatti, "chi crede in lui non è condannato".

Ma i Novaziani replicano che chi crede in Cristo deve scrupolosamente osservare il suo verbo. Affermano, infatti, che nella Scrittura si leggono queste parole del Signore: "Io come luce sono venuto al mondo, perché chiunque crede in me non rimanga nelle tenebre. Se qualcuno ascolterà le mie parole e le osserverà, io non lo condanno". Egli non condanna, tu, invece, ti ergi a giudice? Il Signore dice: "Affinché chiunque crede in me non rimanga nelle tenebre", cioè, sebbene sia stato nell'oscurità, non vi resti per sempre, ma corregga l'errore, si liberi della colpa, creda nei miei insegnamenti. Infatti, ho detto: "Non ho piacere della morte del peccatore, bensì che desista dalla sua condotta". Ho già affermato che "chiunque crede in me non è condannato". Sono del medesimo parere. "Sono venuto, infatti, non già per giudicare il mondo, ma perché il mondo si salvi per opera mia". Volentieri perdono, mi mostro indulgente senza esitazione, "voglio l'amore e non il sacrificio", giacché il giusto attesta la sua devozione mediante il sacrificio, il peccatore si procura la salvezza in forza della misericordia. "Non sono venuto a chiamare i giusti, ma i peccatori". Nella legge è il sacrificio, nel Vangelo l'amore; " La legge fu data per mezzo di Mosè", la grazia in virtù mia. Quale discorso più limpido di questo del Signore?

Più innanzi dice: "Chi mi respinge e non accoglie le mie parole, ha chi lo condanna". Credi forse che chi non si è emendato recepisca le parole del Signore? Non lo direi. Chi si corregge accoglie il verbo di Cristo. La parola del Signore, infatti, vuole, appunto, significare che ciascuno di sua volontà deve allontanarsi dal peccato. Perciò è necessario che o tu ripudi il pensiero da lui espresso o che ne sia pago, se non sei in grado di confutarlo.

Chi desiste dal peccato e rifugge dalle colpe deve osservare i precetti del Signore. Non è da credere che egli esprimendosi come si è detto si sia riferito a chi è stato sempre ubbidiente alla sua parola. Se avesse inteso in questa maniera, avrebbe aggiunto "sempre". Dal momento che non lo ha aggiunto, ovviamente, ha parlato di chi è stato osservante delle parole che ha udito. Ha prestato loro ascolto per correggere il suo errore. Ha custodito, pertanto, quello che ha udito.

Quanto sia cosa spietata che debba per sempre

essere condannato chi almeno dopo aver peccato ha osservato gli insegnamenti del Signore, può ben insegnartelo egli stesso che non ha rifiutato il perdono a gente che non ha ubbidito alla sua legge. Sta scritto nel testo del Salmo: "Se violeranno i miei statuti e non osserveranno i miei comandi, punirò con la verga il loro peccato e con flagelli la colpa, ma non toglierò loro la mia grazia". Il Signore promette a tutti misericordia.

Ma perché tu non creda che si tratta di pietà indiscriminata, c'è distinzione tra gli uomini che sono stati sempre ubbidienti ai comandi celesti e quelli caduti in colpa per errore o in forza delle circostanze. Ancora, perché tu non pensi che il giudizio divino possa in qualche modo essere limitato dal nostro argomentare, presta attenzione. Il Signore dice: "Se un servo conoscendo la volontà del padrone non ha agito in conformità, riceverà molte percosse, ne riceverà, invece, poche, se non l'ha conosciuta". Il Signore accoglie, dunque, entrambi, purché abbiano fede, giacché "Dio castiga ogni figlio che accoglie". Indubbiamente, non consegna alla morte chi punisce. Sta scritto "Il Signore mi ha provato duramente, ma non mi ha consegnato alla morte".

Capitolo 13

Infine, Paolo insegna che non bisogna abbandonare persone che hanno commesso peccato che cagiona morte, bensì castigarle con i pani delle lacrime e con la bevanda del pianto, in maniera, tuttavia, che l'afflizione sia contenuta. Questo, appunto, significa: "e li abbevererai di lacrime con misura", in modo, cioè, che l'angoscia abbia un limite, affinché il penitente non soccomba all'eccessiva tristezza. Scrive ai Corinzi: "Che volete? Debbo venire a voi con il bastone, o con amore e con spirito di dolcezza?". Il bastone non vuole significare spietatezza. Egli aveva letto: "Tu lo batterai con la verga, salverai però la sua anima dalla morte".

Quale significato avesse "venire con il bastone", ce lo insegnano la sua invettiva contro l'immoralità, l'accusa dell'incesto, il biasimo dell'orgoglio di cui erano gonfie persone che avrebbero dovuto, invece, piangere, e, infine, il verdetto pronunziato contro il reo che era escluso dalla comunione e dato in balia di Satana, per la morte della carne e non dell'anima. Come il Signore non diede al diavolo alcun diritto sull'anima di Giobbe, bensì gli concesse la padronanza assoluta del corpo, così il reo è dato da Paolo a Satana per la distruzione della carne, perché il serpente lambisse la sua terra, senza nocumento, però, dell'anima.

41

Muoia, dunque, la nostra carne ai desideri, sia pure in catene, in schiavitù, non muova guerra alla legge dello spirito. Muoia, soggiacendo a salutare servitù, secondo l'esempio di Paolo. L'Apostolo torturava il corpo per renderlo schiavo, con l'intento di dare maggiore credito alla parola, se la legge della carne non sembrasse affatto essere in guerra con quella dello spirito. La carne, infatti, muore quando la sua saggezza si trasferisce allo spirito; non è più allora sapiente nelle cose materiali, ma nelle spirituali. Oh, mi fosse concesso di vedere la mia carne ammalarsi, così da non essere più trascinato prigioniero della legge del peccato e non vivere nella carne, bensì nella fede di Cristo! E', pertanto, grazia più grande nella infermità che nella salute del corpo. Il Signore amò intensamente Paolo, eppure non volle liberarlo dalla malattia della carne. Allorché l'Apostolo gli domandò di allontanare l'infermità dal corpo, rispose: "Ti basta la mia grazia; la potenza, infatti, si manifesta pienamente nella debolezza". Paolo attesta di trovarsi maggiormente a suo agio nelle infermità: "Quando sono debole è allora che sono forte". La virtù dell'animo raggiunge la perfezione, quando la carne è ammalata.

Abbiamo chiarito il pensiero di Paolo. Soffermiamoci sul significato delle parole, per quale motivo, cioè, ha detto di aver dato il reo "in balìa di Satana, per la morte della carne". La spiegazione è nel fatto che il diavolo ci mette alla prova. Suole arrecare, infatti, infermità a ciascuna delle membra e cagionare malattia all'intero corpo. Afflisse, appunto, il santo Giobbe con orrenda piaga dai piedi alla testa, poiché il Signore gli aveva dato potestà assoluta sulla carne, dicendo: "Eccolo nelle tue mani! Soltanto, risparmia la sua anima". L'Apostolo esprime analogo concetto, quando dice che ha dato un individuo "siffatto in balìa di Satana per la morte del corpo, affinché il suo spirito possa ottenere la salvezza nel giorno del Signore nostro Gesù Cristo".

Autorità grande, grazia insigne quella che può imporre al demonio di distruggersi da se medesimo! Si distrugge, infatti, quando da debole rende forte l'uomo che egli desidera dolosamente abbattere con l'indurlo in tentazione. Ne fiacca la carne, ma rinvigorisce lo spirito. L'infermità del corpo caccia via il peccato, la dissolutezza rafforza, invece, la colpa della carne.

Il diavolo rimane beffato, si morde con i suoi stessi denti. Arma contro di sé chi si era illuso di prostrare. Ferisce il santo Giobbe, ma lo fornisce di armi migliori, giacché costui, pur avendo il corpo ricoperto di orrenda piaga, soffrì i morsi del diavolo, senza risentire l'effetto velenoso. Fu, appunto, a lui opportunamente detto: "Potrai tu pescare il dragone con l'amo, scherzerai con lui come con un uccello, lo legherai così come il fanciullo il passero, porrai su di lui la tua mano".

Il demonio, puoi constatarlo, viene schernito da

Paolo. Alla maniera del fanciullo nella profezia, l'Apostolo introduce la mano nella bocca dell'aspide, senza che il serpente gli arrechi danno. Lo trae fuori dalle tenebre, fa del suo veleno un antidoto spirituale, trasformandolo in farmaco. Il veleno è per la morte della carne, l'antidoto per la salvezza dell'anima. Ciò che è di danno al corpo, riesce di utilità allo spirito.

Mangi pure il serpente la mia terra, addenti la carne, riduca a brandelli il corpo. Il Signore dica di me: "Eccolo nelle tue mani! Soltanto, risparmia la sua anima". Grande davvero è la potenza di Cristo il quale impone la custodia dell'uomo al demonio che pure non ha altra mira se non il nostro danno! Rendiamoci, dunque, propizio il Signore. Quando Cristo regna, il diavolo si trasforma addirittura in guardiano della preda. Ubbidisce, sia pure di cattivo animo, agli ordini divini e, quanto vuoi spietato, esegue comandi improntati a misericordia.

Ma perché mai vado elogiando lo spirito di ubbidienza del demonio? Egli sia sempre il cattivo per antonomasia, e Dio, che muta la malvagità del diavolo in grazia per il nostro bene, sia sempre il buono. Satana vuole fare danno, ma non può, se Cristo lo vieta. Ricopre di piaghe la carne, ma custodisce l'anima. Inghiotte la terra, preserva, però, lo spirito. D'altra parte sta scritto: "Allora i lupi e gli agnelli pascoleranno insieme, il leone e il bue si ciberanno di paglia, il serpente di terra quasi fossi

44

pane. E non cagioneranno, dice il Signore, danno e distruzione sul suo santo monte". E' questo il verdetto di condanna del serpente: "Mangerai terra". Quale terra? Quella di cui è detto: "Terra sei e terra tornerai".

Capitolo 14

Il serpente mangia questa terra, se Gesù è misericordioso verso di noi, così che l'anima soffra per la debolezza della carne, ma non si bruci a causa del calore del corpo e dell'ardore della membra. "E' meglio sposarsi che ardere". C'è una fiamma, infatti, che avvampa dentro di noi. Dunque, affinché non ci bruciamo la veste dell'io interiore e la vorace fiamma della dissolutezza non logori l'abito esterno dell'anima, cioè, la sua tunica di pelle, non dobbiamo tenere stretto il fuoco nel grembo della mente, nel segreto del cuore. Occorre varcare la fiamma. Se qualcuno, perciò, incappa nel fuoco divampante dell'amore, spicchi un salto e lo attraversi. Non trattenga l'impudico desiderio, avvincendolo con i lacci dei cattivi pensieri. Non stringa a sé i legami con i nodi di una mente unicamente assorta dalla bramosia. Non rivolga troppo spesso gli occhi alla appariscente bellezza di una prostituta. La ragazza non sollevi lo sguardo al volto del giovane. Se ha per caso guardato ed è rimasta colpita, lo sarà ancora maggiormente, se curiosa fisserà gli occhi.

La consuetudine, almeno, ci sia maestra. La donna si vela il capo perché il suo pudore sia salvaguardato tra la folla, perché il volto si sottragga facilmente agli occhi del giovane. E' necessario che si ricopra del velo nuziale per non essere esposta a causa di occasionali incontri a ferite infertele da altri o che sia essa a cagionare. La piaga, comunque, in entrambi i casi, è lei a subirla. E se si vela il capo perché non sia vista o sia essa a vedere - quando la testa è coperta, il volto anche è nascosto -, ancora di più deve ammantarsi del velo del pudore, affinché, anche in mezzo alla folla, rimanga come appartata.

Ammettiamolo pure: l'occhio si è casualmente posato. L'animo, però, non si soffermi con desiderio. Non è colpa il vedere, ma dobbiamo guardarci che da esso scaturisca il peccato. L'occhio corporale vede, il pudore dell'animo, tuttavia, tenga a freno gli occhi del cuore. Abbiamo il Signore maestro di spiritualità e, a un tempo, di dolcezza. Il profeta ha detto: "Non guardare alla bellezza di una cortigiana". Il Signore, tuttavia, ha affermato: "Chiunque guarderà una donna per desiderarla, ha già commesso adulterio con lei nel suo cuore". Non ha detto: "Chiunque guarderà" ha commesso adulterio, ma "chiunque guarderà per desiderarla". Non vuole imporre limiti di sorta alla vista, bensì fa questione di sentimento. Santo è il pudore che ama tenere a freno gli occhi del corpo, così che spesso non vediamo addirittura ciò che ci è innanzi. Apparentemente l'occhio vede ogni cosa che gli si para davanti, ma se non si aggiunge l'intenzione, questo nostro vedere, di cui la carne ci dà possibilità, riesce vano.

Dunque, vediamo con la mente più che con il corpo. La carne abbia pure veduto il fuoco, non teniamoci, però, la fiamma stretta in grembo, nel segreto, cioè, della mente, nell'intimo dell'animo. Non facciamo penetrare il fuoco nelle ossa, non incateniamoci da noi stessi, non parliamo con gente da cui emani ardente la fiamma della colpa. L'eloquio della ragazza è nodo che avvince i giovani. Le parole dell'adolescente sono lacci d'amore per la giovinetta.

Giuseppe fece esperienza di un fuoco del genere, allorché la femmina desiderosa d'adulterio gli parlò. La donna meditò di adescarlo con le sue parole. Ricorse alle malizie tutte delle labbra, non riuscì, però, ad imprigionare l'uomo casto. La voce del pudore, la serietà dell'eloquio, le briglie della prudenza, l'ossequio della fede, l'esercizio della castità, sciolsero i lacci che la donna intendeva stringere. La svergognata non poté accalappiarlo con le sue reti. Tese la mano e lo afferrò alla veste per stringere il nodo. Le parole della donna sfacciata sono le reti della cupidigia, la mano il vincolo della sua passione. Non reti, non lacci ebbero ragione dell'uomo casto. Scosse via la veste, il nodo fu sciolto. Non trattenne la fiamma nel grembo della mente e impedì, pertanto, che la carne si bruciasse.

Non comprendi, dunque, che il nostro animo è la fonte del peccato? La carne è innocente, ma per lo più è lo strumento della colpa. Pertanto, non ti lasciare soggiogare dal desiderio che suscita la bellezza. Il diavolo tende reti infinite, tagliole di ogni specie. L'occhio della cortigiana è il laccio che accalappia l'amante. I nostri occhi stessi sono reti.

Sta scritto: "Non lasciarti adescare dai tuoi occhi". Noi medesimi tendiamo le reti che ci avvolgono e stringono. Siamo noi ad intrecciarci nodi. Perciò, si legge: "Ciascuno è catturato con le funi dei suoi peccati".

Orsù, passiamo attraverso il fuoco dell'adolescenza, le fiamme dell'età giovanile. Attraversiamo l'acqua, ma non indugiamo in essa, per non restare sommersi nel profondo delle fiumane. Varchiamole, dunque, così da dire: "L'anima nostra è passata attraverso le acque impetuose". Se uno, infatti, riesce a superarle è salvo. D'altronde, il Signore afferma: "Se dovrai attraversare le acque, io sarò con te, i fiumi non ti sommergeranno". Il profeta dice: "Ho visto l'empio trionfante ergersi al di sopra dei cedri del Libano; sono passato e non c'era più". Passa, dunque, attraverso le vanità del secolo e vedrai del tutto fiaccata la tracotanza degli empi. Anche Mosè, varcando i fiumi di questo mondo, ebbe una visione sublime, e disse: "Passerò attraverso, contemplerò questo meraviglioso spettacolo". Se avesse perseverato nei vizi del corpo, nelle fallaci passioni del secolo, non avrebbe contemplato i misteri ineffabili.

Varchiamo, dunque, anche noi questo fuoco dell'incontinenza. Paolo non ne ha avuto certo paura: se lo ha temuto, è stato soltanto per amore nostro. Infliggendo, infatti, castighi al corpo, lo aveva messo in condizione di non nutrire paura per sé. Dice:

"Fuggite la fornicazione". Fuggiamo, dunque, lontano dalla lussuria che ci incalza, ci insegue, e non è già alle nostre spalle, bensì in noi stessi. Guardiamoci dal trascinarcela con noi, mentre cerchiamo in ogni modo di sfuggirle. Siamo, sì, disposti spesso a sottrarci a lei, ma se non la eliminiamo, ce la portiamo con noi invece di disfarcene. Passiamole, dunque, attraverso con un salto, perché non ci dica: "Camminate nelle fiamme del vostro fuoco che avete acceso per voi". Come chi "porta il fuoco nel petto si brucia le vesti", così chi cammina sul fuoco non può non bruciarsi i piedi. Sta scritto: "Chi camminerà sulla brace senza scottarsi i piedi?".

Il fuoco è esiziale. Non alimentiamolo con la dissolutezza. La lussuria si pasce di imbandigioni, si nutre di piacevoli raffinatezze, si infiamma con le libagioni, divampa allorché siamo ubriachi. Ma ancora più funesti sono gli allettamenti delle parole che inebriano l'animo con il vino, per così dire, della vite di Sodoma. Guardiamoci, tuttavia, anche dall'uso del vino che è a nostra disposizione e per il cui effetto la carne diventa ebbra, la mente vacilla, l'anima tentenna, il cuore ondeggia. Il precetto con cui Paolo esorta Timoteo: "Fa' uso di un po' di vino a causa delle tue frequenti malattie", vuole significare che se il vino, da un lato, quando il corpo è in balia delle passioni, ne accresce il peccaminoso ardore, dall'altro, somministrato, invece, quando la carne è resa gelida dalla malattia, dà sollievo allo spirito. Se il corpo è in preda del dolore, la mente è afflitta, la tua tristezza, però, si muterà in gioia.

Non avere, perciò, timore, se la tua carne è data in pasto: la tua anima non è divorata. David dice di non avere paura, poiché, come leggiamo, i nemici mangiavano la sua carne, non lo spirito: "Quando mi assalgono i malvagi per straziarmi la carne, sono essi, i nemici che mi tormentano, a inciampare e a cadere". Il serpente cagiona morte soltanto a se stesso. Chi egli stritola gli è affidato perché lo faccia risorgere dopo averlo abbattuto e la resurrezione dell'uomo diventi la sconfitta della belva. Nella Scrittura Paolo ci addita in Satana l'autore della distruzione e infermità della carne e del corpo: "Mi è stata messa una spina nella carne, un inviato di Satana incaricato di schiaffeggiarmi, perché io non vada in superbia". Paolo ha imparato a curare i malati con le medicine medesime che hanno restituito a lui la vita.

Capitolo 15

Da buon maestro ha promesso l'uno o l'altro dei farmaci, ma ha finito col fare dono di entrambi. E' venuto "con il bastone", poiché ha allontanato dalla santa comunione chi si era macchiato di colpa. A ragione, appunto, è detto che chi viene separato dal corpo di Cristo è dato in balia a Satana. Ma è venuto anche "con amore e spirito di dolcezza", sia perché ha abbandonato il reo nelle mani di Satana in maniera, però, da salvarne l'anima, sia perché ha reintegrato nei sacramenti chi prima aveva escluso.

E' necessario, infatti, da una parte, che chi è caduto in colpa grave resti segregato, perché "un poco di lievito" non faccia fermentare "tutta la pasta", dall'altra, che il vecchio lievito sia purificato. Occorre, cioè, sia purificare in ciascuno l'uomo vecchio, l'uomo esterno con le sue azioni, sia nella moltitudine chi ha messo radici nel peccato e si è infangato di colpe di ogni specie. Opportunamente è detto che bisogna purificarlo, non già gettare via. Ciò che è mondato serve ancora: è, infatti, purificato, affinché l'utile che presenta sia separato dall'inutile. Ciò che, invece, è gettato via non offre possibilità d'impiego.

Già da allora, perciò, l'Apostolo ha ritenuto che il reo dovesse essere reintegrato nei sacramenti, se manifestasse la volontà di essere mondato. A ragione dice "purificate". Chi è redento dal peccato e mondato nell'animo in forza delle preghiere e del pianto di tutti, consegue la purificazione mediante le opere dell'intero popolo ed è lavato dalle lacrime del medesimo. Cristo, infatti, ha permesso che la Chiesa, la quale meritò in grazia del suo avvento che tutti fossero salvi ad opera di uno solo, potesse riscattare uno solo ad opera di tutti.

Questo è il significato del pensiero di Paolo, che le parole non rendono chiaro. Riflettiamo ora sull'espressione usata dall'Apostolo: "Purificate il lievito vecchio per essere pasta nuova, poiché siete azzimi". La Chiesa, da una parte, si addossa il peso del peccatore verso il quale deve dimostrare pietà con pianto, preghiera, afflizione. Deve, cioè, aspergersi, per così dire, completamente del suo lievito, affinché i residui di colpa nel penitente siano purificati ad opera di tutti, in virtù, direi, di un'azione collettiva di misericordia e di pietà scevre di debolezza. D'altra parte, poi, la Chiesa, come ce lo insegna la donna del Vangelo, che di essa, appunto, è simbolo, mescola il fermento nella farina, finché l'intera massa lieviti in modo che possa essere consumata in tutta la sua purezza.

Il Signore mi ha insegnato nel Vangelo di quale lievito si tratti. Dice: "Non capite che non alludevo al pane, quando vi ho detto: Guardatevi dal lievito dei Farisei e dei Sadducei? Allora essi compresero che egli non aveva detto che si guardassero dal pane, ma dalla dottrina dei Farisei e dei Sadducei". Questo è, dunque, il lievito, l'insegnamento, cioè, dei Farisei e il disputare dei Sadducei, che la Chiesa intride nella sua farina, mitigando il significato letterale troppo duro della legge mediante l'interpretazione spirituale e frantumandolo con la macina delle sue argomentazioni. Trae, per così dire, dall'involucro del senso letterale quello più profondo, ineffabile dei misteri e infonde la fede nella resurrezione, in virtù della quale si celebra la pietà di Dio e si crede che i morti risuscitino.

Né mi sembra fuori luogo la similitudine a proposito del passo evangelico, se è vero che regno dei cieli e riscatto del peccatore costituiscono un tutt'uno. Buoni o cattivi, cospargiamoci della farina della Chiesa, affinché tutti diventiamo nuova pasta. Il Signore, perché nessuno temesse che la mescolanza di un lievito corrotto alterasse la massa, ha detto: "Affinché siate nuova pasta, poiché siete azzimi". L'impasto, cioè, vi restituirà alla purezza perfetta della vostra innocenza. Quindi, allorché proviamo pietà, noi non siamo infangati dalla colpa di un altro, bensì dobbiamo ascrivere il riscatto del reo a grazia concessaci, senza che la nostra primitiva purezza subisca alterazioni. Perciò, ha aggiunto: "Cristo nostra Pasqua, è stato immolato". La passione di Gesù ha arrecato universale beneficio, ha donato la redenzione ai peccatori pentitisi delle ignominie perpetrate.

Nell'attendere alla penitenza, lieti in vista del riscatto,

"imbandiamo dunque" il buon cibo. Non vi è alimento più soave della dolcezza, della misericordia. All'imbandigione, alla gioia non si mescoli invidia nei riguardi del peccatore redento, affinché il fratello acrimonioso di cui parla il Vangelo non si escluda da se medesimo dalla casa del padre. Mostrò, infatti, risentimento verso chi era stato accolto, giacché si augurava in cuor suo che fosse, invece, per sempre bandito.

Voi Novaziani siete del tutto simili a costui, non potete negarlo. Avete, infatti, rinunziato, come dite, a radunarvi nella Chiesa, poiché era stata data speranza ai lapsi di ritornare nel suo grembo in virtù della penitenza. Ma è pretesto specioso questo che avanzate. Novaziano, in verità, tramò lo scisma, in seguito al grave colpo della mancata elezione a vescovo.

Non capite, dunque, che l'Apostolo ha fatto la profezia nei vostri riguardi? Non dite a voi forse: "Siete gonfi d'orgoglio piuttosto che esserne afflitti, in modo che si tolga di mezzo a voi chi ha compiuto una tale azione"? Non c'è dubbio che il reo allora è tolto di mezzo, quando la colpa è cancellata. L'Apostolo non afferma che il peccatore deve essere bandito dalla Chiesa, allorché consiglia di purificarlo.

Capitolo 16

Se l'Apostolo ha condonato la colpa, appellandovi a quale autorità, voi sostenete, invece, che non si deve concedere il perdono? Chi più ubbidiente alla legge di Cristo, Novaziano o Paolo? L'Apostolo sapeva che il Signore è misericordioso e che si mostra offeso dal rigore eccessivo e non già dalla clemenza dei discepoli.

Giacomo e Giovanni dicevano di invocare dal cielo il fuoco che consumasse le persone non disposte ad accogliere il Signore. Gesù, però, li ha rimproverati, dicendo: "Non sapete di quale spirito siete. Il Figlio dell'uomo, infatti, non è venuto per condurre alla perdizione le anime degli uomini, ma per salvarle". Ha detto: " Non sapete di quale spirito siete", poiché erano del suo medesimo. A voi, invece, dice: Non siete del mio spirito, giacché non emulate la mia clemenza, ripudiate la mia pietà, rinnegate la penitenza che volli venisse praticata nel mio nome dai miei apostoli.

Invano dite di annunziare la penitenza, se non ne ammettete il frutto. Le ricompense, gli utili, ci sono di stimolo al lavoro. Gli uomini sono sollecitati a una qualche attività o dai premi o dai frutti, ed ogni impegno viene meno con la dilazione dei premi e dei frutti. Il Signore, affinché la fede dei discepoli diventasse più ardente in virtù dei profitti immediati, ha detto che chi, abbandonati tutti i propri beni, lo seguisse, riceverebbe "sette volte tanto" nella vita presente e nella futura. Ha promesso "in questa vita" per togliere ogni senso di fastidio che potesse derivare dalla dilazione. Ha aggiunto "nella futura", perché già nella presente tu imparassi a credere che ti sono dovute ricompense in quella a venire. Il provento di beni immediati è garanzia di futuri.

Se, pertanto, chi è reo di colpe esercita la penitenza per amore di Cristo, come può essere ricompensato "in questa vita" se non lo riammette alla comunione dei fedeli? E' mia volontà che il colpevole nutra speranza nel perdono, lo domandi con le lacrime, lo chieda con i gemiti, lo invochi con il contributo di pianto di tutto il popolo, e scongiuri perché gli sia usata clemenza. Se due, tre volte la sua riammissione non è stata consentita, sia convinto di non avere innalzato suppliche con il dovuto ardore. Versi lacrime più copiose, si ripresenti ancora più miserabile nell'aspetto, abbracci i piedi, li lavi con il pianto, non se ne distacchi, finché Gesù dica di lui: "Gli sono perdonati i suoi molti peccati, perché ha molto amato".

Ho conosciuto persone che nell'esercitare la penitenza hanno scavato il volto con le lacrime, solcato le guance con il pianto irrefrenabile, disteso a terra il corpo perché tutti lo calpestassero. Con il volto scarno e pallido per il digiuno hanno rivelato fattezze di morte in un corpo ancora vivo.

Capitolo 17

Attendiamo forse che essi da morti ottengano il perdono, se già da vivi hanno rinunziato alla vita? L'Apostolo dice: "Per quel tale è già sufficiente il castigo che gli è venuto dai più, cosicché voi dovreste piuttosto usargli benevolenza e confortarlo perché egli non soccomba a eccessiva tristezza". Come "il castigo che gli è venuto dai più" è sufficiente alla punizione, così la preghiera innalzata dai più lo è al perdono. Il Maestro di spiritualità, consapevole della nostra debolezza e interprete della bontà divina, esige che si rimetta il peccato. Vuole che si presti opera di conforto, affinché il penitente non soccomba a tristezza per la stanchezza cagionatagli da un lungo rinvio.

L'Apostolo ha , perciò, concesso il perdono. Né soltanto lo ha elargito, ma ha voluto che l'amore di carità verso il peccatore fosse più intenso ancora. Chi è caro a Dio non è spietato, ma mite. Né si è limitato a perdonare, bensì ha voluto che tutti lo imitassero. Ha detto che è stato misericordioso per amore del prossimo, perché molti non si rattristassero per una sola persona: "A chi voi avete perdonato, perdono anche io, e lo faccio per voi davanti a Cristo, perché non cadiamo in balia di Satana, di cui non ignoriamo le macchinazioni". Con accortezza gira alla larga dal serpente chi è consapevole dei suoi tranelli infiniti ed esiziali. Il demonio non trama che il male. Ci è sempre intorno per cagionare morte. Dobbiamo, perciò, stare all'erta, perché quello che dovrebbe essere per noi il farmaco non diventi per lui materia di trionfo. Faremmo il suo gioco, se chi potesse salvarsi mediante il perdono, dovesse dannarsi a causa dell'afflizione eccessiva.

Perché fosse poi chiaro che allude al peccatore che ha ricevuto il battesimo, ha aggiunto: "Vi ho scritto nella lettera di non mescolarvi con gli impudichi di questo mondo". E più avanti: "Vi ho scritto di non mescolarvi con chi si dice fratello ed è impudico o avaro o idolatra". I rei che aveva stretti al medesimo giogo in vista del castigo, ha voluto che lo fossero anche al fine di ottenere il perdono. Aggiunge: "Con questi tali non dovete neanche mangiare insieme". Quanta severità nei riguardi degli ostinati, eppure quanta benevolenza verso coloro che pregano! Contro gli uni si leva in armi giacché Cristo è stato offeso, a favore degli altri invoca il soccorso del Signore.

Ma sta scritto: "Ho dato questo individuo in balia di Satana per la morte della sua carne". Qualcuno, pertanto, potrebbe turbarsi e domandare: "Come può avere ottenuto il perdono, se la carne è morta del tutto? Non è forse chiaro che l'uomo redento sia nel corpo che nell'anima è anche salvato sia nell'uno che nell'altra? Possono, di conseguenza, l'anima senza il corpo, o il corpo senza l'anima, indissolubilmente legati come sono nell'azione, nell'opera, essere

59

partecipi del castigo o del premio?". Si risponda che nel passo in esame "morte" non significa totale annientamento, bensì castigo della carne. Chi è morto al peccato vive in Dio. Le lusinghe, perciò, della carne cessano. Essa muore ai desideri per rinascere alla castità e alle opere sante.

Quale esempio migliore di quello che ci offre la madre di tutti? La terra, dal cui grembo siamo tratti, se interrompiamo l'assiduo lavoro dei campi, appare squallida, muore quasi ai vigneti, agli oliveti in essa piantati. Non perde, tuttavia, la linfa vitale, quella che potremmo dire la sua anima. In seguito, infatti, se riprendiamo a coltivarla e gettiamo i semi che maggiormente si adattano alla natura del terreno, risorge, dando frutti più rigogliosi. Non deve, dunque, sembrare strano se è detto che la nostra carne muore. Dobbiamo, cioè, intendere che non ha per sempre cessato di vivere, ma è stata repressa la sua inclinazione al peccato.

LIBRO 2

Capitolo 1

Nel libro precedente abbiamo trattato non pochi argomenti che incoraggiano a far penitenza. Poiché, tuttavia, è possibile aggiungerne ancora molti altri, è nostra intenzione proseguire nel banchetto cui è stato dato inizio, perché non sembri che abbiamo lasciato rosicchiati per metà i cibi apprestati dal nostro argomentare.

E' necessario esercitare la penitenza con zelo, ma anche con tempestività. Ciò, ad evitare che il padre di famiglia della parabola evangelica, il quale piantò l'albero di fico nella sua vigna, non venga a ricercare su di esso il frutto e, non trovandolo, dica al vignaiolo: "Taglialo. Perché deve sfruttare il terreno?". L'albero verrebbe abbattuto, se non lo impedisse il vignaiolo che dice: "O padrone, lascialo ancora quest'anno, finché io gli zappi attorno e vi metta il concime"; soltanto nel caso che il rimedio riesca inutile, il fico venga allora reciso.

Spargiamo, perciò, anche noi il concime su questo campo di cui siamo i proprietari. Seguiamo l'esempio degli agricoltori operosi, i quali senza vergogna nutrono la terra con grassa fanghiglia e cospargono i campi di sporca cenere allo scopo di raccogliere più abbondanti i frutti.

L'Apostolo insegna come concimare, quando dice: "Stimo spazzatura tutti i beni del mondo, al fine di

63

guadagnare Cristo". Egli "sia nella cattiva che nella buona fama" si è guadagnato di riuscire a lui gradito. Aveva infatti letto che Abramo, mentre ammetteva di essere polvere e cenere, si procurò con la sublime umiltà la grazia di Dio; così anche che Giobbe, sedendo in mezzo alla cenere, ottenne di nuovo tutto ciò che aveva perduto. Ancora, aveva letto il vaticinio di David: Dio solleva "l'indigente dalla polvere" e rialza "il povero dall'immondizia".

Confessiamo, dunque, anche noi al Signore i nostri peccati senza rossore. Certamente, incute vergogna il mettere a nudo le colpe, ma questa vergogna, appunto, ara il suo podere, recide le spine eterne, toglie via i pruni, fa prosperare i frutti che ritenevi morti per sempre. Segui le orme di chi arando convenientemente il suo terreno si procacciò frutti eterni. L'Apostolo dice: "Insultati, benediciamo; perseguitati, sopportiamo; calunniati, preghiamo; siamo diventati come la spazzatura del mondo". Anche tu, se arerai in questo modo, spargerai semi spirituali. Ara, per stroncare il peccato, per procurarti il frutto. L'Apostolo ha arato per recidere nel suo io lo stato d'animo del persecutore. Quale incoraggiamento più grande ci poteva essere dato da Cristo perché aspirassimo al nostro miglioramento, quanto il convertire e assegnarci come maestro chi era stato persecutore?

Capitolo 2

Tuttavia, anche se confutati dal manifesto esempio di Paolo e dei suoi scritti, i Novaziani si ostinano a muovere cavilli. L'autorità della parola dell'Apostolo, affermano, è loro di garanzia. A prova, adducono il passo della lettera agli Ebrei: "Quelli che furono una volta illuminati, gustarono il dono celeste, diventarono partecipi dello Spirito Santo e gustarono la buona parola di Dio e le meraviglie del mondo futuro, è impossibile che, caduti, si rinnovino una seconda volta, di nuovo crocifiggendo il Figlio di Dio e pubblicamente trionfando".

Sarebbe forse in Paolo incoerenza tra parola e azione? Egli ha rimesso la colpa al peccatore di Corinto in virtù della penitenza: come avrebbe poi potuto ripudiare la sua decisione? Ovviamente, giacché mai avrebbe potuto demolire il suo edificante insegnamento, dobbiamo ritenere che non ha espresso un concetto antitetico, ma soltanto diverso. Noi diciamo antitetico un pensiero che è in contrasto con se stesso; diverso, invece, un pensiero che ha una sua ragione di essere. Non è, dunque, da considerare antitetico un concetto che non è in opposizione bensì a sostegno di un altro. Una volta trattato il tema relativo alla necessità di perdonare chi esercitasse la penitenza, l'Apostolo non poteva tacere di chi ritiene che il battesimo debba ripetersi. Prima, quindi, è stato necessario rassicurarci che, se alcuni cadessero in colpa postbattesimale, sarebbe stato loro perdonato, affinché, disperando essi nell'indulgenza, la stolida illusione di ripetere il battesimo non li conducesse fuori di strada. Successivamente, ha creduto necessario convincerci con logica argomentazione che il battesimo non deve essere rinnovato.

L'Apostolo si è riferito, dunque, al battesimo. Lo desumiamo agevolmente dalle parole con cui ha espresso l'impossibilità "che, caduti, si rinnovino in forza della penitenza". Ci rinnoviamo, infatti, in virtù del battesimo. Mediante questo sacramento nasciamo una seconda volta, come asserisce lo stesso Paolo: "Siamo stati sepolti con lui nella morte mediante il battesimo, perché, come Cristo fu risuscitato dai morti per mezzo della gloria del Padre, così anche noi possiamo camminare in una vita nuova". In altro passo: "Dovete rinnovarvi nello spirito della vostra mente e rivestire l'uomo nuovo creato secondo Dio". Ancora: "La tua gioventù sarà rinnovata come quella dell'aquila". L'aquila, infatti, dopo la morte rinasce dalle sue ceneri, così come noi, una volta morti al peccato, di nuovo, in virtù del sacramento del battesimo, nasciamo a Dio, di nuovo siamo creati. Uno solo, perciò egli insegna, è il battesimo. Appunto, in altro luogo afferma: "Una sola fede, un solo battesimo".

E' evidente, in chi viene battezzato è crocifisso il Figlio di Dio. Mai la nostra carne avrebbe potuto cancellare il peccato, se non fosse stata crocifissa in Cristo. Perciò, sta scritto: "Tutti noi che siamo stati battezzati in Gesù Cristo, siamo stati battezzati nella sua morte". Più avanti: "Se, infatti, siamo stati completamente uniti a lui con una morte simile alla sua, lo saremo anche con la sua resurrezione; sappiamo bene che il nostro uomo vecchio è stato crocifisso con lui". Dice ai Colossesi: "Siete stati sepolti con lui nel battesimo, in lui siete anche stati risuscitati". Così sta scritto, affinché crediamo che Cristo medesimo viene crocifisso in noi, perché in virtù sua i nostri peccati siano mondati ed egli, che è il solo a poter rimettere le colpe, affigga alla croce il documento scritto del nostro debito. Trionfa in noi sui Principati e Potestà, giacché sta scritto: "Ha fatto pubblico spettacolo dei Principati e Potestà, trionfando su di loro in se medesimo".

Dunque, ciò che afferma nella lettera agli Ebrei: "E' impossibile che, caduti, si rinnovino in forza della penitenza, una seconda volta crocifiggendo il Figlio di Dio e trionfando pubblicamente", bisogna credere che è stato detto a proposito del battesimo in cui crocifiggiamo in noi il Figlio di Dio, affinché per opera sua il mondo sia crocifisso a noi. E meniamo, in certo senso, un trionfo mentre assumiamo una morte simile alla sua. Infatti "ha fatto pubblico spettacolo" sulla croce "dei principati e Potestà" e ha su di loro trionfato, affinché anche noi, a somiglianza della sua morte, trionfassimo sui Principati, con il sottrarci per sempre al loro giogo. Una sola volta Cristo è stato crocifisso, una sola volta "è morto al peccato": non ci sono, dunque, più battesimi, ma uno soltanto.

Che dire poi a proposito di questo insegnamento relativo ai battesimi, del quale Paolo ha parlato nel passo che precede quello in esame? Poiché nella legge ne erano consentite varie forme, a ragione biasima coloro che indagano le verità elementari del Verbo e trascurano ciò che è perfetto. Ci ammaestra che sono state completamente distrutte tutte le specie di battesimi della legge e che uno è il battesimo nei sacramenti della Chiesa. Pertanto, ci esorta ad abbandonare le verità elementari del Verbo e a mirare al perfetto. Dice: "Questo intendiamo fare, se Dio lo permette". Senza l'aiuto del Signore, nessuno può raggiungere la perfezione.

Potrei ancora dire a chi sostiene che il passo si riferisce alla penitenza: "le cose impossibili all'uomo, non lo sono a Dio". Quando vuole, il Signore può perdonare i peccati, anche quelli che disperiamo possano essere rimessi. Dunque, Dio può rimettere ciò che appare a noi impossibile ad ottenersi. Sembrava anche cosa assurda che il peccato fosse cancellato con il lavacro. Naaman Siro, appunto, non credette che in questo modo potesse essere sanata la lebbra che lo tormentava. Dio, però, che ci ha fatto dono di una così grande grazia, diede concretezza a ciò che appariva irrealizzabile. Parimenti, sembrava impossibile che venissero rimessi i peccati ad opera della penitenza. Eppure Cristo concesse questa potestà agli Apostoli ed essi la trasmisero all'ufficio sacerdotale. L'impossibile è diventato realtà. L'Apostolo, tuttavia, ci fa comprendere con il suo veritiero argomentare che egli ha inteso parlare del battesimo, perché nessuno avesse in animo di ripetere il sacramento.

Capitolo 3

Né, d'altra parte, l'Apostolo si sarebbe schierato contro l'insegnamento così limpido di Cristo, il quale a proposito del peccatore che fa penitenza si è valso di una similitudine. Infatti, il giovane "partito alla volta di un paese straniero", dilapidò l'intero patrimonio ricevuto dal padre, menando vita dissipata. Poi, costretto a nutrirsi di ghiande, sentì vivo il rimpianto dei pani del genitore. Eppure fu ritenuto degno dell'anello, dei calzari e, per giunta, del sacrificio di un vitello, sacrificio simbolo della passione del Signore mediante la quale ci è stato elargito il sacramento celeste.

Bene a proposito è detto "partito alla volta di un paese straniero", giacché si era tenuto lontano dai sacri altari. Il che significa, vivere segregato dalla Gerusalemme celeste, dall'abitazione civica, per così dire, e familiare dei santi. Perciò l'Apostolo afferma: "Dunque, non siete più stranieri né ospiti, ma siete concittadini dei santi e familiari di Dio".

Sta scritto: "Dilapidò il suo patrimonio". A proposito, è detto lo "dilapidò", giacché la fede del giovane vacillava nelle opere. La "fede" è "fondamento delle cose che si sperano e prova di quelle che non si vedono". E' la solida base su cui poggia interamente la nostra speranza.

Né appaia strano che languisse per fame chi sentiva

mancanza del cibo divino. Sentendone, appunto, privazione, disse: "Mi leverò e andrò da mio padre e gli dirò: Padre ho peccato contro il cielo e contro di te". Non comprendete forse che ci è detto con chiarezza che se siamo esortati a pregare, è, appunto, per renderci meritevoli del sacramento? Voi, Novaziani, vorreste, invece, privarci del frutto della penitenza? Togli al timoniere la speranza dell'approdo: si aggirerà senza meta nel mezzo delle onde. Nega la corona al lottatore: neghittoso se ne starà sdraiato nell'arena. Priva il pescatore del provento della pesca: subito smette di gettare le reti. Pertanto, chi soffre la fame della sua anima, come potrebbe con devozione pregare Dio, se non avesse fede nel divino nutrimento?

Il figliol prodigo dice: "Ho peccato contro il cielo e contro di te". Confessa il peccato che cagiona morte, affinché non crediate che sia a ragione ripudiato chi fa penitenza di una qualsiasi colpa. Ha peccato "contro il cielo", cioè, contro il regno celeste o contro l'anima sua; ha commesso peccato mortale, e al cospetto di Dio al quale è detto: "Ho peccato contro te solo e ho fatto ciò che è male innanzi a te".

Eppure così prontamente si guadagna il perdono, che , al suo ritorno, quando si trovava "ancora lontano", il padre muove a lui incontro e "lo bacia" con il bacio simbolo della santa pace. Comanda che "si porti la lunga veste", l'abito, cioè, nuziale, senza il quale si è scacciati dal banchetto. Gli "pone al dito l'anello", il pegno della fede, il contrassegno dello Spirito Santo. Ordina che siano portati "i calzari". Infatti, chi è sul punto di celebrare la Pasqua del Signore e sta per mangiare l'agnello deve necessariamente avere il piede al riparo dagli assalti degli spiriti del male e dai morsi del serpente. Comanda che sia sacrificato "il vitello", poiché "Cristo, nostra Pasqua, è stato immolato". Ogni volta che assumiamo il sangue di Cristo, annunciamo la morte del Signore. Come egli si è immolato per tutti una sola volta, così, ogni volta che ci sono rimessi i peccati, assumiamo il sacramento del suo corpo, per riscattarci dalle colpe mediante il suo sangue.

La parola del Signore ha stabilito senza possibilità di equivoco che la grazia del sacramento deve essere restituita alle persone che si sono macchiate di colpe quanto vuoi infamanti, purché ne facciano ammenda con cuore contrito e con confessione sincera. E' ovvio, dunque, che voi Novaziani non avete possibilità di legittimare la vostra condotta.

Capitolo 4

Siamo a conoscenza che siete soliti muoverci obiezioni, perché sta scritto: "Qualunque peccato e bestemmia sarà perdonata agli uomini, ma la bestemmia contro lo Spirito Santo non sarà perdonata. A chiunque parlerà male del Figlio dell'uomo sarà perdonato; ma la bestemmia contro lo Spirito non gli sarà perdonata né in questo secolo, né in quello futuro". Eppure, sulla base di questo passo, ogni vostra obiezione è distrutta, annientata. Sta scritto: "Qualunque peccato e bestemmia sarà perdonato agli uomini". Perché voi non perdonate? Perché stringete legami che non sciogliete? Perché intrecciate nodi che non allentate? Perdonate, almeno, gli altri ed emettete pure verdetto di condanna nei riguardi di persone che voi sulla base del testo del Vangelo ritenete che non possano mai più ottenere clemenza, giacché hanno peccato contro lo Spirito Santo.

Vediamo, però, quali persone sono queste che il Signore incatena, considerando i passi che precedono quello in esame, così da avere idee più chiare al riguardo. I Giudei dicevano: "Costui scaccia i demoni in nome di Beelzebub, principe dei demoni". Gesù ha risposto: "Ogni regno discorde cada in rovina, e nessuna città o famiglia discorde può reggersi. Ora se Satana scaccia Satana, egli è discorde con se stesso. Come potrà, dunque,

73

reggersi il suo regno? E se io scaccio i demoni in nome di Beelzebub, i vostri figli in nome di che li scacciano?".

Possiamo constatare che si allude alle persone che andavano dicendo che Gesù scacciava i demoni ad opera di Beelzebub. Il Signore ha loro risposto che l'eredità di Satana era passata a chi paragonava il Salvatore di tutti al demonio e riponeva la grazia di Cristo nel regno del diavolo. Poiché ci convincessimo che aveva alluso a questa bestemmia, ha aggiunto: "Razza di vipere, come potete dire cose buone voi che siete cattivi?". Pertanto afferma che non può toccare il perdono alle persone che così bestemmiano.

Simone, depravato dalla pratica della magia, si era illuso di potersi procurare con il denaro la grazia che Cristo dava mediante l'imposizione della mano e l'infusione dello Spirito Santo. Pietro, pertanto, gli dice: "Non v'è parte né sorte alcuna per te in questa cosa, perché il tuo cuore non è retto, davanti a Dio. Pentiti, dunque, di questa tua iniquità e prega il Signore se mai ti sia perdonato questo pensiero. Ti vedo, infatti, chiuso nei lacci dell'iniquità e in file amaro". Puoi constatare che Pietro avvalendosi dell'autorità apostolica condanna chi bestemmiava contro lo Spirito Santo nella folle vanità di essere mago. Maggiormente lo reputa colpevole in quanto mostrava di non avere pura consapevolezza della fede. Nonostante ciò, non lo privò della speranza del perdono, anzi lo invitò al pentimento.

Il Signore, dunque, ha risposto alla bestemmia dei Farisei. Non concede loro la grazia che proviene dalla sua potestà e che consiste nella remissione delle colpe. Essi, infatti, pensavano che il celeste potere del Signore si fondasse sul soccorso del diavolo. Afferma anche che erano soggetti allo spirito del male, poiché gettavano il seme della discordia nella Chiesa del Signore. Con le sue parole allude agli eretici, agli scismatici di ogni tempo, ai quali nega il perdono. Se ogni colpa ricade sul singolo che la commette, quella degli scismatici fa risentire i suoi effetti su tutti. Soli si propongono di annullare la grazia di Cristo, riducono a brandelli le membra della Chiesa per amore della quale Gesù ha patito e ci ha fatto dono dello Spirito Santo.

Infine, perché sappiate che parla dei rei di scisma, sta scritto: "Chi non è con me, è contro di me, e chi non raccoglie con me, disperde". A maggior chiarimento ha aggiunto: "Perciò, dico a voi: qualunque peccato o bestemmia sarà perdonata agli uomini, ma la bestemmia contro lo Spirito non sarà perdonata". Quando dice: "Perciò, dico a voi", non ha manifestato forse il proposito che noi comprendessimo ciò soprattutto? A ragione ha aggiunto: "L'albero buono produce buoni frutti, il cattivo, invece, frutti cattivi". Una comunità di malvagi non può produrre che frutti cattivi. L'albero, dunque, è la Chiesa, i frutti dell'albero buono i figli della medesima.

Ritornate, dunque, nel grembo della Chiesa, se mai ve ne siete allontanati sacrilegamente. Ai peccatori che si convertono è assicurato il perdono. Sta scritto: "Chiunque invocherà il nome del Signore, sarà salvato". Il popolo dei Giudei che diceva nei riguardi di Gesù: "Egli ha un demonio", "Scaccia i demoni nel nome di Beelzebub", e che ha crocifisso il Signore, è chiamato al battesimo dalla parola di Pietro, perché si alleggerisca dell'ignominioso peso di infamia così grande.

Non dobbiamo stupirci se voi che ripudiate la vostra salvezza, la neghiate agli altri, siano pure costoro che vi domandano di fare penitenza gente della vostra risma. L'ineffabile misericordia del Signore, a mio giudizio, non avrebbe rifiutato neppure a Giuda il perdono, se avesse fatto atto di pentimento, non al cospetto dei Giudei, ma di Cristo. Dice: "Ho peccato, poiché ho tradito il sangue innocente". La risposta: "Che ci riguarda? Veditela tu". Parlate forse diversamente voi, quando chi ha commesso una colpa anche minore vi confessa il proprio peccato? Che altro rispondete se non: "Che ci riguarda? Veditela tu". Parole del genere comportano la corda, e il castigo è tanto più ferale quanto minore è la colpa.

Ma se essi non intendono convertirsi, fatelo almeno voi che, commettendo colpe di natura diversa, siete precipitati in basso dalle alte vette dell'innocenza e della fede. Abbiamo "un buon Padrone" che è disposto a perdonare tutti. Ti ha invitato per bocca del profeta, dicendo: "Io, io cancello i tuoi peccati e non ne conserverò ricordo. Tu, però, siine memore e lasciamoci giudicare".

Capitolo 5

Muovono, tuttavia, cavilli a proposito delle parole dell'Apostolo, poiché ha detto "se mai", e pensano che Pietro non abbia affatto garantito la remissione dei peccati al penitente. Ma si soffermino un po' a considerare di chi parla. Simone non credeva secondo fede, ma tramava soltanto frodi. Anche il Signore a chi gli dice: "Ti seguirò", risponde: "Le volpi hanno le loro tane". Se, dunque, il Signore in persona ha vietato che chi egli vedeva subdolo lo seguisse, quale stupore che l'Apostolo non abbia assolto chi dopo il battesimo si è allontanato da Dio e, come egli ha detto, era avvinto nei lacci dell'infamia?.

Questa sia risposta sufficiente alle obiezione dei Novaziani. Io, d'altra parte, sono dell'opinione che né Pietro abbia dubitato, né che, trattandosi di questione così importante, si debba togliere ad essa ogni credito per il condizionamento causato da un solo vocabolo. Ammettiamo che Pietro si sia mostrato reticente: non forse anche Dio che dice al profeta Geremia: "Sta' nell'atrio della casa del Signore e riferisci a tutte le città di Giuda, che vengono per adorare nel tempio del Signore, tutte le parole che ti ho comandato di annunziare loro; non tralasciare neppure una parola: forse presteranno ascolto e torneranno"? Si affermi, dunque, che Dio ignorava il futuro.

In verità con quel vocabolo non si esprime affatto l'idea del dubbio. E' da notare che un uso del genere è frequente nelle divine Scritture, data la semplicità del loro linguaggio. Il Signore, ad esempio, dice ad Ezechiele: "Figlio dell'uomo, ti invierò alla casa di Israele, da coloro che mi hanno amareggiato, essi e i loro padri sino ad oggi, e dirai loro: Il Signore dice queste parole, se mai ascolteranno e ne proveranno terrore". Dio ignorava se si sarebbero convertiti o meno? L'espressione, quindi, non è sempre di chi dubita.

Del resto, anche gli antichi sapienti di questo mondo, i quali fanno consistere tutta la loro valentia nella scrupolosa scelta delle parole, non hanno impiegato in tutti i passi delle loro opere in senso dubitativo il vocabolo che in latino suona "forte", in greco "tacha". Ad esempio, affermano che il primo dei loro poeti dicesse: "La forse vedova", nel senso: "Presto sarà vedova". In altro passo: "Forse, infatti, tutti gli Achei facendo impeto ti uccideranno". Non poteva certo dubitare che se tutti gli Achei avessero fatto impeto contro un solo uomo, questi non sarebbe stato sopraffatto dalla moltitudine dei nemici.

Ma noi dobbiamo avvalerci di esempi nostri, non già altrui. Trovi, appunto, nel Vangelo che il Figlio medesimo fa dire al Padre, dopo che i servi da lui inviati alla sua vigna erano stati feriti: "Manderò il Figlio mio dilettissimo, forse avranno rispetto di lui". In altro passo, il Figlio dice a proposito della sua persona: "Voi non conoscete né me né il Padre mio; se, infatti, conosceste me, forse conoscereste anche il Padre mio".

Se Pietro, dunque, si è espresso mediante le parole medesime che Dio ha usate senza che ne derivasse detrimento alla sua sapienza, perché non ammettere che anche l'Apostolo le abbia impiegate senza che la sua fede subisse limitazione? D'altronde, non avrebbe potuto avanzare dubbi sul dono di Cristo, giacché il Signore gli aveva concesso la potestà di rimettere i peccati. Maggiormente, perciò, gli incombeva l'obbligo di non dare adito ai sottili cavilli degli eretici. Scopo, infatti, di costoro è unicamente il rendere vana la speranza degli uomini, per ingenerare nelle persone che sono in preda della disperazione la persuasione che è necessario ripetere il battesimo.

Gli Apostoli, però, conformemente a quanto aveva loro insegnato Cristo, si sono fatti maestri di penitenza, hanno assicurato il perdono, hanno rimesso il peccato. Così anche David, il quale ha detto: "Beati coloro le cui colpe sono rimesse e i cui peccati sono coperti; beato l'uomo cui il Signore non ha addebitato il peccato". Ha detto beato colui la cui colpa è rimessa mediante il battesimo, e colui il cui peccato è coperto dalle opere buone. Chi esercita la penitenza deve non solo lavare la colpa con le lacrime, ma occultare con azioni migliori e ricoprire quasi le infamie del passato, perché non gli sia addebitato il peccato.

Copriamo, dunque, le nostre iniquità con le opere compiute dopo aver peccato. Emendiamo le colpe con le lacrime, perché il Signore ci oda mentre ci lamentiamo, così come ascoltò Efraim che piangeva. Dio medesimo ha detto: "Ho prestato ascolto, ho udito Efraim rammaricarsi". E ha ripetuto le parole medesime di Efraim che si lamentava: "Tu mi hai castigato e io ho subito il castigo; come un torello non sono stato domato". Il torello, infatti, ruzza, abbandona la greppia, perciò Efraim "come un torello, non è stato domato". Se ne sta lontano dalla greppia, giacché ha abbandonato "la greppia del Padrone" e, seguendo Geroboamo, ha adorato i vitelli. Calamità questa che il profeta Aronne aveva vaticinato che sarebbe accaduta: il popolo, cioè, dei Giudei sarebbe caduto nell'apostasia. Perciò, facendo penitenza dice: "Convertimi e io mi convertirò, poiché tu sei il mio Padrone; poiché mi sono pentito dopo il mio smarrimento e, dopo che ti ho conosciuto, ho pianto sui giorni della confusione; mi sono umiliato al tuo cospetto, giacché ho provato l'onta ignominiosa e ti ho testimoniato".

Possiamo constatare che si debba esercitare la penitenza, con quali parole, con quali lacrime. Egli chiamò addirittura "giorni della confusione" quelli del peccato. Regna, infatti, confusione quando Cristo è ripudiato.

Umiliamoci, dunque, innanzi a Dio. Non rimaniamo

nella soggezione della colpa. Vergognamoci al ricordo dei nostri peccati e non meniamone vanto quasi fossero bravura alla maniera di alcuni che si esaltano perché il pudore è stato da loro debellato e la giustizia soffocata. La nostra conversione sia tale che proprio noi che non conoscevamo Dio possiamo testimoniare agli altri e il Signore commosso da questo nostro mutamento d'animo, risponda: "Dalla mia giovinezza tu sei, o Efraim, il figlio mio caro, il figlio, per così dire, prediletto. Me ne ricorderò sempre più vivamente, giacché le mie parole sono impresse in lui. Perciò, ha detto il Signore, mi sono mostrato sempre sollecito nei suoi riguardi e avrò misericordia di lui".

Quale pietà ci promette, lo dice più innanzi: "Ho reso ebbra l'anima tutta che era sitibonda e ho saziato l'anima tutta che era affamata: perciò, mi sono destato e ho guardato; il mio sonno mi pare soave". Intendiamo chiaramente che il Signore garantisce a tutti i suoi sacramenti. Perciò, tutti facciamo ritorno a lui.

Capitolo 6

Ma se essi non intendono convertirsi, fatelo almeno voi, che commettendo colpe di natura diversa, siete precipitati in basso dalle alte vette dell'innocenza e della fede. Abbiamo un buon Padrone che è disposto a perdonare tutti. Ti ha invitato, per bocca del profeta, dicendo: "Io, io cancello i tuoi peccati e non ne conserverò ricordo. Tu però, siine memore affinché possiamo sottoporci a giudizio". Dice: "Io non ne conserverò il ricordo, tu, invece, siine memore", cioè: "Non richiamo alla memoria le colpe che ti ho rimesse, quasi avvolte, per così dire, nell'oblio. Invece, "Tu siine memore". Dice: "Io non ne conserverò il ricordo" in virtù della grazia concessa, "Tu siine memore" per il miglioramento conseguito. Siine memore e tieni presente che ti è stato condonato il peccato, non perché, quasi persona senza macchia, ne meni vanto e, col volerti giustificare, ti renda maggiormente colpevole. Se desideri essere perdonato, confessa la tua colpa. Una confessione fatta con cuore contrito scioglie i nodi del peccato.

Puoi vedere che cosa "Dio, il tuo Dio" pretende da te: che tu conservi il ricordo della grazia avuta e non ne meni vanto "quasi che non l'abbia ricevuta". Puoi constatare con quale garanzia di perdono ti esorta ad attestare la colpa. Bada, perciò, che coll'opporre resistenza ai divini precetti non abbia a precipitare nella irreligiosità dei Giudei. Ad essi il Signore dice: "Abbiamo intonato un canto per voi e non avete danzato, abbiamo cantato nenie lamentose, e non avete pianto".

Un parlare comune questo, ma sublime il riposto significato. La necessità è, quindi, che non ci si lasci fuorviare dalla banale interpretazione del passo e si creda che ci siano imposti istrionici atteggiamenti di danza sfrenata e teatrali stravaganze: comportamento questo peccaminoso anche nella prima adolescenza. Dio ha comandato la danza che David eseguì davanti all'arca del Signore. Tutto ciò che conferisce prestigio alla religione è consentito. Non si deve, perciò, provare vergogna di qualsiasi forma di ossequio che dia contributo alla scrupolosa osservanza del culto di Cristo.

Non si parla, pertanto, della danza che si accompagna a lussuria raffinata, ma che ci mette in grado di muovere il corpo senza indolenza e di non lasciare che le membra impoltriscano a terra e perdano ogni vitalità a causa dell'appesantito incedere dei passi. Paolo danzava spiritualmente allorché agile entrava in lizza per il nostro bene. Egli non apprezzava i traguardi raggiunti, desiderava nuove mete, puntava diritto al premio di Cristo. Tu anche, sul punto di ricevere il battesimo, sei esortato a levare le mani al cielo, ad avere più agili i piedi per poter ascendere all'eterno. Questa è la danza alleata della fede e compagna della grazia.

Questo, dunque, l'arcano significato. "Abbiamo intonato per voi un canto, quello del Nuovo Testamento, e non avete danzato", non avete innalzato l'animo alla grazia spirituale. "Abbiamo cantato nenie lamentose e non avete pianto", cioè, non vi siete pentiti. Il popolo dei Giudei giacque nell'abbandono appunto perché non fece penitenza e rifiutò la grazia: penitenza della quale era stato banditore Giovanni, grazia di cui era stato elargitore Cristo. Questa la dona, per così dire, il Padrone, quella l'annunzia il servo. La Chiesa custodisce l'una e l'altra. E' così in grado di conseguire la grazia e di non ripudiare la penitenza. L'una, infatti, è dono di chi elargisce con generosità, l'altra è rimedio atto a guarire chi ha peccato.

Geremia non ignorò quale portentoso farmaco fosse la penitenza. Nei Lamenti fece ad essa ricorso in favore di Gerusalemme. Con queste parole ci fa vedere la città che fa penitenza: "Amaramente ha pianto nella notte, le lacrime scendono sulle guance; nessuno le reca conforto fra tutti i suoi amanti. Le strade di Sion sono in lutto". Ha aggiunto: "Per tali cose io piango" e "gli occhi miei si sono offuscati per le lacrime, perché chi mi confortava è lontano da me". Possiamo notare che Gerusalemme stimava dolorosissimo questo insieme di mali, perché mancava chi la confortasse nell'afflizione. Come voi, dunque, o Novaziani, pensate di togliere persino il conforto con il negare la speranza di una penitenza fruttuosa?

Prestino attenzione le persone che fanno penitenza, come debbano attendervi, con quale ardore d'animo, con quale interiore sconvolgimento, con quale mutamento di cuore: "Guarda, o Signore, quanto sono in angoscia; le mie viscere sono agitate" dal mio pianto, "il mio cuore è sconvolto dentro di me".

Hai appreso quale debba essere l'ardore dell'animo, quale la fede del cuore. Impara ora come debba regolarti nel comportamento esteriore. Il profeta dice: "Gli anziani della figlia di Sion siedono a terra in silenzio, hanno cosparso di cenere il loro capo, si sono cinti di sacco, hanno fatto curvare a terra le vergine elette di Gerusalemme. I miei occhi si sono consunti per le lacrime", si sono offuscati, "le mie viscere sono sconvolte", la mia gloria "è stata sparsa a terra".

Anche il popolo di Ninive così pianse e riuscì ad evitare il preannunziato sterminio dei suoi abitanti. La penitenza è farmaco di tale efficacia che abbiamo l'impressione che Dio medesimo muti consiglio. Dipende, perciò, da te soltanto il sottrarti al castigo. Il Signore vuole essere pregato, esige fede, suppliche in suo onore. Tu sei uomo, eppure pretendi di essere pregato per elargire il perdono. Pensi, dunque, che Dio sia disposto a concederti misericordia senza che tu lo solleciti?

Il Signore in persona pianse su Gerusalemme

affinché, pur non essendo essa disposta, ottenesse il perdono in virtù delle lacrime di Dio. Egli vuole che piangiamo per evitare il castigo. E' scritto nel Vangelo: "O figlie di Gerusalemme, non piangete su di me, ma piangete su voi stesse".

David, pianse e ottenne che la divina pietà allontanasse la morte dal popolo che periva. Allorché, infatti, gli fu proposto di scegliere tra tre cose, optò per quella che gli permettesse maggiormente di fare tesoro della pietà del Signore. E tu ti vergogni di piangere le tue colpe, quando David ha comandato persino ai profeti di versare lacrime per il bene dei popoli?

Anche Ezechiele ebbe l'ordine di piangere su Gerusalemme e ricevette il volume al cui inizio è scritto: "Lamenti, canti, guai". Due argomenti tristi e uno piacevole. Chi, infatti, piangerà di più su questa terra, sarà salvo nella vita futura. "Il cuore dei saggi è in una casa in lutto, il cuore degli stolti in una casa in festa". Il Signore in persona dice: "Beati voi che piangete, perché riderete".

Capitolo 7

Versiamo, dunque, lacrime finché c'è tempo, perché ci sia assicurata l'eterna felicità. Temiamo il Signore, sollecitiamone la pietà con il confessare le nostre colpe. Poniamo rimedio ai nostri errori, riparo ai falli, affinché non si dica anche di noi: "Ohimè o anima, l'uomo pio è scomparso dalla terra, non c'è tra gli uomini chi è disposto ad emendarsi".

Perché provi vergogna di confessare le tue colpe innanzi al Signore? Egli dice: "Confessa le tue infamie, affinché sii giustificato". Agli occhi di chi è tuttora nella colpa è fatto balenare il premio della giustificazione. Infatti, chi ammette spontaneamente le colpe è giustificato. "Il giusto nel proemio del suo discorso accusa se stesso". Il Signore sa tutto, vuole, però, sentire la tua voce, non già per punire ma per perdonare. Non vuole che il diavolo si faccia gioco di te, ti accusi di tenere celate le colpe. Previeni il tuo accusatore. Se ti accusi da te stesso, non dovrai temere alcun accusatore. Se ti denunzierai da te medesimo, morto che tu sia, risusciterai.

Cristo verrà al tuo sepolcro. Se vedrà che Marta, la solerte massaia, versa lacrime per te e così Maria, la quale piamente, come la santa Chiesa, ascoltava la parola di Dio e "scelse per sé la parte migliore", proverà pietà. Vedendo che moltissimi piangono la tua morte dirà: "Dove lo avete deposto?", cioè, in quale ordine di peccatori, in quale grado di penitenti?. Lasciatemi vedere chi piangete, perché egli in persona mi commuova con le sue lacrime. Che io veda se è definitivamente morto al peccato di cui si invoca il perdono.

La gente gli dice: "Vieni e vedi". Che significa "vieni"? Venga la remissione dei peccati, la vita dei morti, la loro resurrezione, "venga il tuo regno" a questo peccatore.

Gesù, dunque, verrà e comanderà che sia tolta la pietra, che il reo si è posta da se stesso sulle spalle. Cristo avrebbe potuto agevolmente smuovere il sasso con una parola di comando. La natura insensibile non è davvero sorda ai suoi ordini. Mediante l'occulta potenza di un miracolo avrebbe potuto facilmente spostare la pietra sepolcrale. Alla sua morte, infatti, moltissime tombe di morti si spalancarono, d'un tratto essendosi smosse le pietre. Ma ordinò agli uomini di togliere il sasso, affinché, nella realtà, da una parte, gli increduli credessero in ciò che era innanzi ai loro occhi e vedessero il morto risuscitare, nella tipologia, d'altra parte, perché intendessero che ci elargiva la grazia di liberarci dal peso dei peccati, i macigni, per così dire, che schiacciano i rei. E' compito nostro smuovere i pesi, è ufficio di Cristo ridonare la vita, fare uscire dai sepolcri le persone sciolte dai lacci della colpa.

Vedendo il grave peso che opprime il peccatore, Gesù versa lacrime. Non permette che la Chiesa pianga da sola. Ha pietà della prediletta e dice a chi è morto: "Vieni fuori", cioè, tu che sei immerso nel buio della coscienza, nella sozzura dei misfatti, vieni fuori come da una prigione di delinquenti, metti a nudo la tua colpa per ottenere giustificazione. Infatti, "ci si confessa con la bocca in vista della salvezza".

Se tu, chiamato da Cristo, ammetterai il tuo peccato, subito si infrangeranno i serrami, si spezzeranno tutti i legami, anche se il cadavere in putrefazione emani forte fetore. La salma di Lazzaro che era morto da quattro giorni mandava cattivo odore nella tomba. Ma Cristo, "la cui carne non vide corruzione" rimase per tre giorni nel sepolcro. Non conobbe, infatti, i vizi della carne, la cui sostanza consta dei quattro elementi originari. Il fetore del cadavere è forte quanto vuoi, ma svanisce del tutto appena il santo profumo si spande. Ecco, il defunto riacquista la vita. Si ordina alle persone che tuttora vivono nel peccato di sciogliere i lacci, di liberare il volto del defunto dal sudario con cui occultava la verità della grazia ricevuta. Viene impartito il comando di togliergli il sudario dal viso, di denudargli il volto, giacché il reo ha ricevuto il dono del perdono. Chi ha ottenuto la remissione dei peccati non ha motivo di vergognarsi.

Tuttavia, nonostante la grazia ineffabile del Signore e il sublime miracolo, frutto della sua divina munificenza, in un momento che doveva essere di generale letizia, i sacrileghi erano in fermento. Tenevano consiglio contro Cristo, tramavano

90

l'uccisione di Lazzaro. Non vi accorgete, dunque, che voi, o Novaziani, siete destinati ad essere i degni successori di quei sacrileghi, gli eredi della loro spietatezza? Anche voi siete sdegnati, promuovete riunioni contro la Chiesa. Vedete, infatti, che nel suo grembo i morti ritornano alla vita, risuscitano, quando il perdono dei peccati è stato loro elargito. Pertanto, per quanto dipende da voi, volete uccidere, in forza dell'odio, le persone risorte a nuova vita.

Ma Gesù non revoca i benefici concessi. Li rende più grandi con la sua munificenza. Subito è tornato a visitare chi aveva risuscitato e, per festeggiarne la resurrezione, lieto viene alla cena, che la Chiesa gli ha imbandita. Chi era morto prende parte al banchetto, come appunto sta scritto, tra i commensali di Cristo.

Le persone tutte che vedono con l'occhio puro della mente e che non conoscono odio - la Chiesa vanta, appunto, figli di tale specie - si meravigliano che chi ieri e l'altro ieri era nel sepolcro è ora tra coloro che siedono a mensa insieme a Gesù.

Maria in persona unge i piedi di Cristo. I piedi, giacché uno dei deboli è stato strappato a morte. Tutti, infatti, formano il corpo di Gesù, ma senz'altro, alcuni sono le membra superiori. L'Apostolo che diceva: "Voi cercate una prova che Cristo parla in me", era la bocca di Cristo. Così anche i profeti per mezzo dei quali il Signore annunziava il futuro. Oh, fossi io degno di essere il suo piede e Maria mi cospargesse del prezioso profumo, mi ungesse, mi rendesse indenne dal peccato!

Il caso di Lazzaro si ripete ogni qual volta un peccatore, anche se emani fetore, è reso mondo dal balsamo della fede preziosa. Fede che consegue grazia così grande, che quella casa in cui il giorno precedente il morto mandava cattivo odore tutta intera è pregna di buon profumo.

La casa di Corinto mandava fetore, quando leggiamo: "Si parla di adulterio tra voi quale neppure tra i pagani". C'era puzzo, giacché un poco di lievito aveva alterato tutta la pasta. Tuttavia, comincia a sentirsi il buon profumo, quando è detto: "Se avete perdonato qualcosa a qualcuno, anche io la perdono; infatti anche io se ho perdonato qualcosa, l'ho perdonata per il vostro bene nel nome di Cristo". Pertanto, liberato il peccatore, ci fu grande gioia nella casa. La dimora intera mandò buon odore in virtù del soave profumo della grazia. Perciò, consapevole di aver cosparso tutti del balsamo dell'apostolica benedizione, egli dice: "Siamo innanzi a Dio il buon profumo di Cristo fra quelli che si salvano".

Tutti sono lieti allorché il profumo si è sparso. Il solo Giuda non è d'accordo. Così anche ora chi è sacrilego, chi è traditore, si mostri pure contrariato, muova biasimi. Gesù, però, rimprovera Giuda, giacché costui non intende quale medicina portentosa sarebbe stata la morte di Cristo e non comprende il senso riposto di una sepoltura così importante. Il Signore, infatti, ha patito, è morto per riscattarci dalla morte. Egli giudica prezzo sublime della sua passione l'essere il peccatore assolto dalle colpe ed innalzato a ineffabile grazia, così che tutti vengano e dicano, levando lodi al Signore: "Mangiamo e facciamo festa, perché costui era morto ed è tornato in vita, era perduto ed è stato ritrovato". Se qualche pagano obietterà: "Perché mangia insieme ai pubblicani e ai peccatori?", gli rispondiamo: "Non sono i sani che hanno bisogno del medico, ma i malati".

Capitolo 8

Fai vedere, dunque, al medico la tua piaga, perché tu sia curato. Se non gliela mostrerai, egli la conosce, ma desidera ascoltare la tua voce. Netta le tue cicatrici con le lacrime. In questa maniera, appunto, la donna di cui è parola nel Vangelo, si è mondata dal peccato, dal fetore della sua iniquità. Si è resa libera dalla colpa, nel lavare i piedi di Gesù con le lacrime.

Volesse il cielo, o Gesù, che tu mi destinassi a lavare i piedi che hai imbrattati mentre incedevi entro di me! Oh, potessi tu concedermi di nettarli nel sudiciume con cui li ho infangati con il mio cattivo operare! Ma donde attingere l'acqua viva con cui lavarli? Non ho a disposizione l'acqua, bensì le lacrime. Oh, potessi con esse purificare me stesso, mentre lavo i tuoi piedi! Come fare, perché tu dica di me: "Sono perdonati i suoi molti peccati, perché ha molto amato"? Ben di più avrei dovuto amare, lo ammetto, e fin troppo mi è stato condonato. Sono stato, infatti, chiamato al sacerdozio dopo essere vissuto sino a quel momento tra il frastuono delle cause forensi e le beghe paurose della pubblica amministrazione. E' mio timore, pertanto, apparire ingrato, se dimostrerò un amore minore, giacché molto di più mi è stato condonato.

Ma non posso stimare tutti all'altezza della donna la

quale, meritatamente, è stata preferita anche a Simone che offriva il pranzo al Signore. Essa ha, infatti, dato lezione alle persone che intendono lucrarsi il perdono. Ha baciato i piedi di Cristo, li ha lavati con le lacrime, asciugati con i capelli e cosparsi di olio profumato.

Il bacio simboleggia la carità. Il Signore ha detto: "Mi baci egli con il bacio della sua bocca". I capelli cosa altro significano se non che tu sappia che è necessario invocare il perdono dopo aver disprezzato ogni prestigio che derivi dalle insegne delle alte cariche di questo mondo, e che ti getti bocconi al suolo, e che, prostrato, cerchi pietà? L'unguento simboleggia il profumo del buon mutamento d'animo. David era re, eppure diceva: "Ogni notte inonderò di pianto il mio letto, irrorerò di lacrime il mio giaciglio". Meritò, pertanto, una grazia ineffabile: tra i suoi discendenti fu scelta la Vergine che doveva, partorendo, dare alla luce Cristo. La peccatrice pentitasi, dunque, meritatamente per i motivi detti è lodata nel Vangelo.

Tuttavia, se non siamo in grado di uguagliarla, Gesù sa venire in soccorso dei deboli. Se non c'è la donna che possa apprestare il banchetto, offrire l'unguento, portare con sé "la fonte dell'acqua viva", Cristo in persona viene alla tomba.

Volesse il cielo che ti degnassi di accostarti a questo mio sepolcro, o Gesù, e mi lavassi con il tuo pianto! I miei occhi, infatti, si sono inariditi, le mie lacrime non bastano a lavare le mie colpe. Se piangerai per me, sarò salvo. Se sarò degno che tu per un poco versi lacrime per me, mi chiamerai fuori dalla tomba del corpo e dirai: "Esci fuori". Pronunzierai queste parole, affinché i miei pensieri non siano in catene nel carcere della carne, ma ne escano fuori verso Cristo, possano spaziare alla luce, così che io non mediti le opere delle tenebre, ma della luce. Chi ha in animo di peccare, non altro desidera che farsi schiavo della sua coscienza.

Chiama, dunque, fuori il tuo servo. Anche se avvinto dai legami del peccato, con i piedi incatenati, con le mani strette da nodi, anche se per sempre sepolto ai pensieri e alle "opere morte", se mi chiamerai, uscirò fuori libero. Sarò "uno tra quelli che siedono a mensa" al tuo banchetto. Tutta la tua casa emanerà la fragranza del prezioso profumo, se custodirai chi ti sei degnato di riscattare. Si dirà: Costui non è stato allevato nel seno della Chiesa, non è stato domato da fanciullo, ma, a forza, è stato trascinato fuori dai tribunali, strappato dalle follie del secolo. Avvezzo ad ascoltare la voce del banditore, si è assuefatto al cantico del salmista. Ecco, tiene fede al sacerdozio, non già per suo merito, ma in virtù della grazia di Cristo, e siede tra i convitati della mensa celeste.

Preserva, o Signore, il tuo dono. Custodisci il bene che mi hai elargito, anche se da esso rifuggissi. Ero consapevole, infatti, di non meritare di essere chiamato vescovo, giacché mi ero votato al secolo.

Ma "per grazia" tua "sono ciò che sono". Sono senza dubbio l'infimo di tutti i vescovi, l'ultimo per merito. Tuttavia, poiché mi sono sobbarcato a qualche travaglio per la tua santa Chiesa, custodisci questo frutto. Non permettere che chi già sull'orlo della perdizione è stato da te chiamato al sacerdozio, ora, che è tuo ministro, soccomba. Mi hai chiamato, perché impari a condolermi di tutto cuore dei travagli del peccatore. Virtù questa davvero grande. Sta appunto scritto: "Non gioire dei figli di Giuda nel giorno della loro sventura, non dire parole altezzose nel giorno della loro angoscia". Mi hai chiamato, perché, ogni volta che si tratta della colpa di un lapso, senta di lui pietà e non lo riprenda con durezza, bensì provi dolore e pianga. Ciò, affinché, nel momento in cui verso lacrime su di un altro, pianga su me stesso e possa dire: "Tamar è più giusta di me".

E' ammissibile che una giovinetta sia caduta nel peccato, ingannata e tratta alla rovina dalle circostanze che sono incentivo al cattivo operare. Però, se pecchiamo quando siamo avanti negli anni, la legge della carne muove guerra in noi a quella dello spirito, ci rende schiavi del peccato, ci induce a fare, insomma, ciò che non vorremmo. La giovinetta ha, almeno, come giustificazione gli anni, io nessuna. Essa deve imparare, io insegnare. Perciò, "Tamar è più giusta di me".

Incolpiamo qualcuno di cupidigia del denaro?

Domandiamo prima se non abbiamo operato anche noi dimostrando la medesima bramosia. Allora ognuno di noi dica: "Tamar è più giusta di me". Infatti "l'attaccamento al denaro è la radice dei mali": insensibilmente, come radice che si estende sotto terra, fa il nostro corpo sua preda.

Ci siamo adirati contro qualcuno: un laico, e non un vescovo, può essere perdonato per aver agito sotto l'impulso dell'ira. Rimproveriamoci da noi stessi, diciamo: "Chi è incolpato di essere iracondo è più giusto di me". Parlando così ci metteremo nella condizione che Gesù o qualcuno dei discepoli non dica di noi: "Tu osservi la pagliuzza nell'occhio del tuo fratello, mentre non ti accorgi della trave che hai nel tuo occhio? Ipocrita, togli prima la trave dal tuo occhio e poi ci vedrai bene per togliere la pagliuzza dall'occhio del tuo fratello".

Non vergogniamoci, perciò, di ammettere che la nostra colpa è più grave di quella di chi, a nostro giudizio, deve essere sottoposto ad accusa. Così, appunto, si è espresso Giuda che muoveva rimproveri a Tamar: richiamandosi alla mente la propria colpa, dice: "Tamar è più giusta di me". Affermazione che ha un profondo senso riposto e, a un tempo, suona insegnamento morale. Non fu attribuita colpa a Giuda, giacché si accusò da se stesso, prima che altri lo denunziasse.

Che io, dunque, non gioisca per la colpa di nessuno, bensì ne provi dolore! Sta scritto: "Non gioire troppo della mia sventura, mia nemica! Se sono caduta, mi rialzerò; se siedo nelle tenebre, il Signore sarà la mia luce. Sopporterò lo sdegno del Signore, perché ho peccato contro di lui, finché egli mi renda ragione. Emetterà il verdetto su di me, mi farà uscire alla luce e vedrò la sua giustizia. La mia nemica lo vedrà, sarà coperta di vergogna, lei che mi diceva: Dove è il Signore Dio tuo? I miei occhi la vedranno e sarà calpestata come fango della strada". Giustamente, poiché chi esulta per la rovina degli altri, tripudia per la vittoria del diavolo. Addoloriamoci, dunque, allorché sentiamo che è andato in perdizione un uomo "per cui Cristo è morto" che non trascura neppure "la pagliuzza nella messe".

Dio voglia che questa "pagliuzza nella messe", il vuoto gambo del mio frutto, non sia gettata via da lui, ma raccolta! Infatti, dice: "Ahimè! Sono diventato come chi raccoglie la pagliuzza nella messe e chi racimola alla vendemmia". Oh, possa egli mangiare in me almeno le primizie della sua grazia, anche se i frutti ulteriori non debbano riuscirgli graditi!

Capitolo 9

Sia, dunque, nostro convincimento che bisogna fare penitenza e che ad essa tiene dietro il perdono. Una remissione, tuttavia, frutto di fede e non, per così dire, di un nostro credito. C'è profondo divario tra il rendersi meritevoli di qualche cosa e l'arrogarsene il diritto. La fede ottiene in forza quasi di obbligazione scritta, la presunzione, invece, è propria di chi è arrogante e non già di chi domanda. Perché tu sia nella condizione di ottenere ciò in cui speri, prima devi far fronte al tuo pegno. Comportati da onesto debitore, così che per pagare la cambiale non debba far ricorso ad altro prestito, bensì possa soddisfare, mediante le ricchezze che ti provengono dalla fede, all'interesse del debito contratto a tuo nome.

Ha maggiore possibilità di pagare chi è debitore di Dio che dell'uomo. Questi esige denaro in cambio di denaro, e il debitore non sempre lo ha pronto. Dio si accontenta, invece, della buona disposizione d'animo che è in tuo potere attestare. Non è povero chi è debitore del Signore, tranne che non si renda indigente da se stesso. Non ha da vendere, possiede, però, i mezzi con cui pagare. Le preghiere, le lacrime, i digiuni, sono le ricchezze del buon debitore e beni più sostanziosi che se uno offra senza fede il denaro ricavato dalla vendita di proprietà.

Povero era Anania, allorché, venduto il podere, consegnava agli Apostoli il denaro che, lungi dal liberarlo dal debito contratto innanzi a Dio, doveva implicarlo in nodi stretti. Ricca era, invece, la vedova, la quale mise due piccole monete nella cassa delle offerte. Di lei è detto: "Questa vedova, povera, ha messo più di tutti". Dio non domanda denaro, ma schiettezza di fede.

La colpa, credo, può essere mitigata mediante elargizioni ai poveri, purché la fede aggiunga credito ai donativi. A che offrire le proprie sostanze, se l'ardore di carità non si accompagna all'oblazione?

Alcuni non mirano che a soddisfare alla vanità personale, a conseguire la fama che può derivare dall'essere munificente. E' loro intento apparire persone virtuose agli occhi del popolino, poiché hanno elargito tutte le sostanze. Vanno in cerca del premio del secolo presente, non mettono, però, in serbo quello del futuro. Se, infatti, "hanno già ricevuto la loro ricompensa" su questa terra, non possono sperare in quella dell'aldilà.

Altri, dopo aver donato i beni alla Chiesa in seguito a impulso precipitoso e non già a matura riflessione, hanno ritenuto opportuno di revocare la donazione. Sia l'uno che l'altro modo di comportarsi non è stato per loro redditizio, in quanto il primo, dettato da inconsulto consiglio, l'altro, informato a sacrilegio.

Alcuni, poi, si pentono di aver spartito gli averi con i

poveri. Ma chi esercita la penitenza non deve affatto avere rincrescimento in materia, perché non abbia a pentirsi di essersi pentito. Non pochi, infatti, per timore dell'eterno castigo, consapevoli delle loro colpe, domandano di fare penitenza e, una volta ammessi, si tirano indietro per la vergogna di doverla esercitare pubblicamente. Essi, a mio parere, hanno domandato di fare penitenza delle malefatte e la fanno, invece, delle buone opere da loro compiute.

Alcuni, ancora, invocano la penitenza, ma allo scopo unico di essere reintegrati nella comunione dei fedeli. Non desiderano mondarsi, ma stringere con lacci il ministro di Dio. Non sgravano la loro coscienza, fanno violenza a quella del sacerdote, cui è stato comandato: "Non date le cose sante ai cani e non buttate le vostre perle davanti ai porci". Si deve, cioè, vietare che persone imbrattate di immonde iniquità siano riammesse alla santa comunione.

Osservate queste persone: sono lì a passeggiare. Indossano abiti nuovi, mentre sarebbe stato loro conveniente essere in gramaglie, lamentarsi per avere infangato la veste della grazia battesimale. Le donne si sovraccaricano le orecchie di grosse, preziose perle: sono costrette, addirittura, a piegare le nuche, mentre bene avrebbero dovuto tenerle basse per amore di Cristo e non dell'oro, e versare, a un tempo, lacrime su se stesse per aver perduto la perla preziosa, la celeste.

Altri sono convinti che pentirsi significhi escludersi

dai divini sacramenti. Sono giudici fin troppo spietati di se stessi. Si assegnano il castigo, rifiutano il rimedio. Sarebbe stato, invece, opportuno che si dolessero della pena inflittasi, poiché a causa di essa rimangono defraudati dalla divina grazia.

Altri, giacché è data speranza di fare ammenda delle colpe, credono che sia loro implicitamente concessa facoltà di continuare a peccare a piacimento. Ma la penitenza è rimedio del peccato, non già incentivo. Il farmaco è necessario alla ferita, non viceversa. Domandiamo il rimedio per curare la piaga, non già desideriamo questa per avere modo di applicarvi il medicamento. Fragile è, d'altra parte, la speranza che si affida al tempo. Ogni tempo è sempre incerto, né tutte le speranze gli sopravvivono.

Capitolo 10

Forse qualcuno potrebbe tollerare che tu provi vergogna di invocare Dio e non, invece, di pregare l'uomo, e che tu abbia ritegno di supplicare il Signore, cui il tuo modo di operare non sfugge, e non, invece, di fare palesi le tue colpe all'uomo, cui possono rimanere nascoste? Non vuoi che, se preghi, ci sia gente che lo sappia e possa riferirlo? Eppure, se si tratta di dare soddisfazione all'uomo, non ti accosti forse a un gran numero di persone, le scongiuri perché interpongano i buoni uffici, ti prostri alle ginocchia, baci i piedi, metti innanzi i figli innocenti, perché invochino pietà per il padre? Ostenti, tuttavia, neghittosità a fare ciò nella Chiesa, a supplicare Dio, a ricercare il patrocinio dei fedeli, perché preghino per te. Nella Chiesa si arreca disonore col non confessare le colpe, giacché tutti siamo peccatori. In essa merita di più chi è più umile, ed è più giusto chi maggiormente disprezza se stesso.

La madre Chiesa pianga per la tua salvezza e lavi la tua colpa con le lacrime. Cristo ti veda nella tua afflizione e dice: "Beati voi che piangete, perché riderete". Egli gradisce che più persone preghino per una sola. Nel Vangelo, mosso a pietà delle lacrime della vedova, poiché erano moltissimi a piangere per lei, ne richiamò il figlio alla vita. Esaudì prontamente Pietro che pregava affinché Dorcade risuscitasse, poiché i poveri gemevano per la morte della donna. Perdonò subito l'apostolo che aveva versato amarissime lacrime. Se anche tu piangerai in tal maniera, Cristo rivolgerà a te gli occhi e la colpa sarà cancellata. L'esercizio del dolore allontana la morbosa cupidigia del peccare, la seduzione della colpa. Ci travagliamo per le iniquità perpetrate e, intanto, teniamo lontane quelle che potremmo commettere. Dalla condanna della colpa scaturisce una disciplina dell'innocenza.

Nulla, perciò, ti distolga dall'esercitare la penitenza. Ne sei partecipe con i santi, e voglia il cielo che tu riesca ad emulare il loro pianto! David "si nutriva di cenere come di pane; mescolava il pianto alla sua bevanda". Ora maggiormente gioisce, poiché versò più abbondantemente le lacrime. Dice: "Fiumi di lacrime discesero dai miei occhi".

Giovanni pianse molto e, come dice, gli furono rivelati i misteri di Cristo. Non così la donna che travolta dal peccato, non versò lacrime come avrebbe dovuto: se la spassava, indossava abiti di porpora e scarlatto, faceva sfoggio di molto oro e di pietre preziose. Meritatamente, pertanto, si strugge nel travaglio di un pianto senza fine.

Alcuni sono convinti che si possa più volte fare penitenza. Essi "sono presi da desideri indegni di Cristo". Se attendessero, infatti, alla penitenza di tutto cuore, non crederebbero alla necessità di doverla ripetere. "Uno solo è il battesimo", una sola è la penitenza, quella, s'intende, che si fa in pubblico. Ogni giorno, infatti, dobbiamo pentirci del peccato, ma, mentre la penitenza giornaliera è dei peccati più lievi, la pubblica è delle colpe di maggiore entità.

Mi sono imbattuto più spesso in persone che hanno conservato la loro innocenza che non in gente che abbia atteso a pentirsi con coerenza. Credi forse che si possa parlare di penitenza là dove si intriga in vario modo per ottenere cariche, regna il bere sfrenato, viene praticato l'accoppiamento carnale? Bisogna dire con decisione addio al secolo, abbandonarsi al sonno meno di quanto la natura esiga, alternarlo con lamenti, romperlo a mezzo con gemiti, riservarlo alla preghiera. E' necessario, insomma, vivere come se fossimo per sempre morti al nostro modo di condurre l'esistenza terrena. L'uomo deve rinnegare se stesso, trasformarsi radicalmente, come la tradizione racconta a proposito di un giovane. Costui, dopo aver amato una cortigiana, partì alla volta di un paese lontano. Cancellata che ebbe dall'animo la passione, ritornò e si imbatté nella donna che aveva amata. Essa, meravigliata che il giovane non le rivolgesse neppure la parola e pensando, quindi, di non essere stata riconosciuta, incontratolo di nuovo, gli disse: "Sono io", e l'altro: "Ma io non sono più io".

Il Signore, perciò, a ragione dice: "Chi vuole venire dietro a me, rinneghi se stesso, prenda la sua croce e mi segua". I morti e sepolti con Cristo non devono, quasi fossero ancora in vita, avere l'animo rivolto alle cose di questo mondo. Paolo dice: "Non toccate, non prendete tutte le cose destinate a scomparire con l'uso. L'uso di per sé della vita cagiona, infatti, la corruzione dell'innocenza.

Capitolo 11

La penitenza, dunque, è un bene. Se essa non esistesse, tutti differirebbero la grazia del battesimo alla vecchiaia. A una ipotesi assurda del genere, valga come risposta che è preferibile possedere un qualcosa da rattoppare che non avere da ricoprirsi. Ma nemmeno gli abiti rappezzati una sola volta possono ancora essere usati come nuovi, quelli, invece, cuciti e ricuciti finiscono con il logorarsi del tutto.

Il Signore, quando dice: "Fate penitenza, perché il regno dei cieli è vicino", ha sufficientemente ammonito coloro che rinviano la penitenza. Ignoriamo in quale ora viene il ladro, non sappiamo se la nostra anima ci sarà richiesta la notte stessa. Dio scacciò Adamo dal paradiso subito dopo la colpa. Non frappose indugi, ma, perché facesse penitenza, lo privò delle delizie e, immediatamente, lo rivestì di una tunica di pelle, non già di seta.

Quale giustificazione c'è perché tu debba rinviare? Forse quella di commettere un maggior numero di peccati? Dunque, perché Dio è buono, tu vuoi essere malvagio, e "ti prendi gioco dei tesori della sua bontà e pazienza"? La mitezza del Signore dovrebbe, al contrario, essere per te incitamento a pentirti. Appunto, il santo David dice a tutti: "Venite, adoriamo e prostriamoci innanzi a lui e piangiamo al cospetto di nostro Signore che ci ha creati". Il medesimo David, come sai, versa lacrime sul peccatore che è morto senza pentirsi. In un caso del genere non rimane altro che provare forte dolore e piangere. Egli dice: "Figlio mio Assalonne, figlio mio Assalonne"! Chi è definitivamente morto va pianto senza alcuna riserva.

A proposito degli esuli, che, raminghi dagli aviti confini fissati dalla legge di Mosè, si erano infangati dei peccati di questo mondo, odi che canta: "Sui fiumi di Babilonia, là sedemmo e piangemmo al ricordo di Sion". Il salmista vuole insegnare che la stirpe dei rei di apostasia deve provvedere al ravvedimento, quando i colpevoli sono ancora in condizione di avere tempo a disposizione e in situazione suscettibile di mutamento. Perciò, ricorre all'esempio dei Giudei trascinati in miseranda schiavitù come prezzo della colpa.

Non c'è dolore maggiore di quello che prova chi nella schiavitù del peccato si ricorda dei supremi beni dai quali è decaduto, ha tralignato. Si è, infatti, allontanato dal meraviglioso, sublime proposito di approfondire la conoscenza di Dio, per rivolgersi a ciò che è materiale, effimero.

Adamo pensò di nascondersi, non appena avvertì la presenza di Dio. Tentò di celarsi, quantunque lo ricercasse, lo chiamasse con parole che dovevano trafiggere il cuore di lui che si nascondeva: "Adamo, dove sei?". Cioè, perché ti celi, perché ti occulti, perché eviti il Signore che desideravi vedere? La colpa rimorde la coscienza al punto tale che, anche senza il giudice, si punisce da se stessa e desidera occultarsi. Non riesce, però, a celarsi agli occhi di Dio.

Nessuno che sia in colpa deve arrogarsi, quindi, il diritto, l'uso illecito dei sacramenti. Sta scritto: "Hai peccato? Fermati". Lo dice anche David nel salmo cui si è accennato: "Appendemmo le nostre cetre ai salici di quella terra". Più avanti: "Come cantare il cantico del Signore in terra straniera?". Se la carne combatte con lo spirito ed è riluttante a lasciarsi guidare dall'anima, ad ubbidirle, è terra straniera che non è dissodata dal lavoro del contadino e non produce, pertanto, i frutti della carità, della pazienza, della pace. Perciò, meglio fermarsi, quando non si è in grado di attendere alle opere della penitenza, affinché nell'esercitarla non capiti di agire in modo da dovere ancora ad essa far ricorso. Se, infatti, non è stata una sola volta bene usata e opportunamente praticata, non si ricava alcun frutto dalla penitenza cui si è atteso e ci è tolta la possibilità di valercene successivamente.

Quando la carne oppone resistenza, è necessario, allora, che lo spirito sia rivolto a Dio. Se le opere vengono meno, la fede porti soccorso. Se le seduzioni della carne o le potestà nemiche incalzano, lo spirito sia assorto in Dio. Quando, infatti, la carne sferra il suo attacco, corriamo i pericoli più gravi.

Eppure alcuni, con tutte le loro forze, fanno violenza all'anima, tentando di privarla di ogni sostegno. Perciò, è detto: "Distruggete, distruggete, anche le sue fondamenta".

David, appunto, mosso a pietà da lei esclama: "Figlia infelice di Babilonia!". Senz'altro è sventurata, giacché è ormai figlia di Babilonia, non più di Dio. Invoca in suo favore l'intervento di chi possa guarirla: "Beato chi afferrerà i tuoi piccoli e li sbatterà sulla pietra". Beato, cioè, chi spezzerà contro Cristo i pensieri caduchi, peccaminosi, e fiaccherà tutti gli impulsi non conformi a ragione, in virtù di una cosciente autocritica: chi, ad esempio, in balia di un amore adulterino possa tenere lontano lo struggente desiderio del congiungimento carnale con una prostituta e rinunziare alla passione per guadagnarsi Cristo.

Dunque, abbiamo appreso innanzi tutto che occorre fare penitenza, e ciò quando la bramosia di peccare si è spenta; ancora, che nella schiavitù del peccato dobbiamo essere rispettosi, non già arroganti. A Mosè che desiderava sempre più addentrarsi nella conoscenza del mistero celeste, è detto: "Togliti i sandali dai piedi". A maggior ragione è necessario, quindi, che noi liberiamo i piedi della nostra anima dai legami del corpo e sciogliamo i passi dai nodi che ci avvincono a questo mondo.

Indice

CERCA LE ALTRE OPERE DI SANT'AMBROGIO SU LIMOVIA.NET

GRAZIE!